解码游戏 循迹童心

支持幼儿生长的观察、解读与回应

叶蕴 〇 著

华东师范大学出版社
上海

图书在版编目(CIP)数据

解码游戏 循迹童心:支持幼儿生长的观察、解读与回应/叶蕴著. —上海:华东师范大学出版社,2023
ISBN 978-7-5760-3983-2

Ⅰ.①解… Ⅱ.①叶… Ⅲ.①游戏课—教学研究—学前教育 Ⅳ.①G613.7

中国国家版本馆 CIP 数据核字(2023)第 109422 号

解码游戏 循迹童心
支持幼儿生长的观察、解读与回应

著　　者	叶　蕴
组稿编辑	蒋　将
责任编辑	胡瑞颖
特约审读	王　杉
责任校对	樊　慧　时东明
装帧设计	冯逸珺

出版发行	华东师范大学出版社
社　　址	上海市中山北路 3663 号　邮编 200062
网　　址	www.ecnupress.com.cn
电　　话	021-60821666　行政传真 021-62572105
客服电话	021-62865537　门市(邮购)电话 021-62869887
地　　址	上海市中山北路 3663 号华东师范大学校内先锋路口
网　　店	http://hdsdcbs.tmall.com
印 刷 者	上海昌鑫龙印务有限公司
开　　本	787 毫米×1092 毫米　1/16
印　　张	18.75
字　　数	279 千字
版　　次	2024 年 1 月第 1 版
印　　次	2024 年 11 月第 4 次
书　　号	ISBN 978-7-5760-3983-2
定　　价	68.00 元

出 版 人　王　焰

(如发现本版图书有印订质量问题,请寄回本社客服中心调换或电话 021-62865537 联系)

目 录

001　第一章　放手游戏——探求回归的生机
003　第一节　回归教育：直应新时代教育高质量发展的呼唤
014　第二节　回归课程：直击"以游戏为基本活动"的实践改革
036　第三节　回归儿童：直面以"儿童发展优先"的游戏旨归

057　第二章　学会观察——探找破局的基点
059　第一节　户外自主游戏中教师观察支持儿童专业素养调研现状
062　第二节　为何观察？——对"观察"的再审视
067　第三节　观察什么？——锚定观察方向
074　第四节　如何观察？——提升观察力

085　第三章　解锁环境——探勘多元的变化
087　第一节　回归儿童立场的户外环境创设
094　第二节　什么样的户外环境是幼儿喜爱的？
102　第三节　怎样让户外环境能满足幼儿的需要？
111　第四节　如何让游戏材料与幼儿有效互动？

121　第四章　解密行为——探秘成长的可能

　123　第一节　看见情感的表达

　131　第二节　发现经验的迁移

　139　第三节　聚焦问题的解决

　149　第四节　关注交往与合作

　159　第五节　把握安全的界限

169　第五章　回应游戏——探寻追随的力量

　171　第一节　倾听与对话

　200　第二节　复盘与反思

　209　第三节　支持与调整

221　第六章　赋能游戏——探索幼小科学衔接的路径

　223　第一节　户外自主游戏和幼小衔接的关系

　234　第二节　怎样以户外自主游戏实现幼小科学衔接？

253　第七章　享受成长——探研同行的智慧

　255　第一节　园长管理经验

　267　第二节　团队发展经验

　287　第三节　教师成长经验

第一章

放手游戏
探求回归的生机

本章主要阐述探索户外自主游戏的时代要求,回顾"以游戏为基本活动"的实践行动及其启示,以"简单的事例"呈现户外自主游戏的内涵、特征、困境及研究现状,帮助教师了解户外自主游戏在促进幼儿发展、实现教育高质量发展方面的意义。

第一节　回归教育：
直应新时代教育高质量发展的呼唤

教育高质量发展：（到目前为止，教育学界还未形成统一认识）以"新发展观"为导引，本书中认为教育高质量发展不但注重教育活动过程及活动结果的高质量，还注重教育发展的高质量。本质上，这是一种与新时代发展要求相适应的教育发展观、教育发展模式、教育发展阶段。

一、自主游戏之于教育高质量发展的时代意蕴

（一）教育高质量发展的内涵

教育高质量发展不是简单地追求"教育结果的高质量"，而是追寻新时代背景下中国教育发展的新概念、新阶段、新方向，教育高质量发展意在阐明"什么是适应新时代发展需要的，值得追求的教育发展模式"。

学前教育作为我国教育的重要组成部分，对加快教育强国建设，建成高质量教育体系具有重要支撑作用。为促进学前教育高质量发展，应全面贯彻"立德树人"的根本任

务,坚持"五育"并举,把握好"育才"和"育人"、"全面"和"个性",用发展的眼光重新审视和理解"儿童视角",从而打造教育可持续发展新样态,促进儿童全面、和谐发展。

> **思考与延展**
>
> 你觉得教育高质量发展和教师高质量发展有什么关系?你觉得新时代高质量发展的教师形象是怎样的?作为教师,你将如何实现自身的高质量发展?

(二)自主游戏的内涵

本文中提到的自主游戏不是某种固定的游戏模式或游戏类型,而是一种回归儿童主体性的游戏理念。自主游戏应该凸显幼儿的主体性行为,强调幼儿依据自己的兴趣、需要、能力,是幼儿主动发起(主题),自由选择(内容、玩伴、场地、材料等),自主展开(情节、互动、交往等),自发交流(沟通、分享等)的活动过程。自主游戏体现了幼儿自我意识、主动行动的能力,有益于幼儿人格、情感、智能、体魄、社会性等全面发展,是幼儿学习、成长和自我实现的重要途径,对幼儿的发展具有重要的意义。

自主游戏强调,教师要信任幼儿的能力,放手让幼儿玩自己的游戏。游戏中,教师的责任是观察、支持幼儿的游戏意愿与行为,鼓励幼儿尽可能地进行自我设计、自我决策、自我组织、自我反思、自我规范等,为幼儿游戏的开展提供保障。

> **思考与延展**
>
> ◆ 自主游戏等于自由的游戏吗?
>
> 午餐后,孩子们围在一起用小汽车玩具玩起了赛车游戏,他们有人是赛

车手,有人是裁判……请问,这是自主游戏吗?

◆ 由老师发起的游戏是自主游戏吗?

老师对孩子们说:"顾村公园旁边建起了 15 号线,我们也一起来搭建'公园'和'地铁'吧。"孩子们开始了游戏。请问,这是自主游戏吗?

◆ 你如何理解"真游戏"和"假游戏"?

(三) 自主游戏与教育高质量发展的关系

要厘清自主游戏与教育高质量发展的关系,就要回答教育高质量发展"要培养什么样的人",自主游戏"能培养什么样的人"的问题。

教育高质量发展需要站在未来的视角,培养能够面向未来的人才。面向未来的人才需要"德智体美劳全面发展",需要"具备人文底蕴、科学精神、社会学习、健康生活、责任担当、实践创新等品格及关键能力",更需要具备"明确的人生方向、坚定的自我发展信念、有效应对环境挑战的能力"。

自主的人必然是具有主体意识、主观能动性、主动创造力的人。自主游戏支持幼儿在自主计划、自主行动、自主调控、自主创造的过程中健全人格品质、建构关键经验、获取各种能力,继而成为乐探索、会思考、有能力、能创造的全面发展的人。

综上所述,自主游戏清晰勾勒了教育高质量发展的实践新样态,是促进儿童发展,实现教育高质量发展的重要手段。

> 💡 **思考与延展**
>
> 请尝试结合案例建构自主游戏中的幼儿发展画像。

案例:"顺溜"的战车

年龄段:大班

顺溜是一名帅气的解放军,亮亮、图图、小梁都对他的战车充满了兴趣和向往,他们决定自己打造一辆"顺溜"的战车。这天,他们仨邀请小绮开始了"造车"行动。

■ 场景一:战车初现

图图和小绮拿了一个网架,对亮亮说:"这是车的身体,你们去拿四个轮胎做车轮。"小梁和亮亮找到了轮胎,小梁推起了轮胎就走,亮亮提醒他:"等一下,轮胎有大有小,大小不一样的轮胎放在一起,开动起来会不会不安全?我们需要把轮胎靠在一起比一比,选择一样大小的。"两个孩子通过一一对比,找到了四个一样大小的轮胎,心满意足地把它们装在了"车身"的两侧。图图看着初具规模的战车说:"这个战车这么小,一点都不帅气。"小绮回应:"那我们再加一个网架吧,这样车子就变长了。"说干就干,孩子们加长了战车,调整了车轮的位置与距离,战车变大了。此时,亮亮拿来了半圆形彩虹桥放在车头,说:"这是车头保险杠。"四个孩子开心地爬上了战车。

图1-1-1 　　　图1-1-2 　　　图1-1-3

第一章　放手游戏——探求回归的生机

■ 场景二：改造战车

玩了一会儿，小梁说："这个车子有点太简单了，车子要有车顶、车厢、挡风车窗……"于是四个孩子开始改造战车。亮亮和小梁拿来了一个三折垫子，在"车架"上面来回摆弄，可是车顶支不起来，图图和小绮赶来帮忙，小绮将三折垫子中的第一块放在车身上，小梁和亮亮将后面两块垫子扶住。图图说："这个垫子需要有东西支撑，我去拿垫子。"他拿来一个两折垫子把它变成了一个立着的三角形，小梁和亮亮把三折的垫子放在了这个三角支撑架上，就这样战车有了车顶。

图1-1-4　　　　　　图1-1-5　　　　　　图1-1-6

改造后的战车更帅气了，孩子们很满意。可是在玩的过程中，他们又遇到了新问题。

■ 问题一：透过"窗户"看不见前方？

亮亮说："为什么我看不见前方的路，只看得到垫子？"图图说："看不见前面会很危险，挡风玻璃应该是透明的。"亮亮说："我们可以用足球门，它的样子更像车头。"果然，换了"车头"的战车视野更广阔了。

图 1-1-7　　材料调整　　图 1-1-8

■ 问题二:"车头"总是固定不住?

开着开着,小绮说:"这个'车头'怎么总是滑下来呀!"亮亮说:"这个'车头'比网架大,固定不了。"图图说:"要不把'车头'的边缘架在轮胎上。"

图 1-1-9　　位置调整　　图 1-1-10

他们进行了尝试,发现把"车头"的左边支撑架放在轮胎上,右边的支撑架就会掉下来,反之亦然。通过几次尝试,亮亮发现:"'车头'比车子还要大,所以架不稳。"小梁说:"我们再加一个轮胎,战车可以有八个轮子。让车子变得更大,'车头'就可以架起来啦。"

孩子们在四个轮子边各叠加了一个轮子,"车头"终于稳稳地架在了车身上。

第一章　放手游戏——探求回归的生机　　009

图 1-1-11　　　　数量调整→　　　　图 1-1-12

■ 问题三:"车厢"空间小怎么办?

容纳了四个孩子的"车厢"显得比较拥挤,一会儿这个孩子被挤了下来,一会儿那个孩子被挤得大声叫唤,车顶也时不时地往下塌。小绮说:"为什么我们的车厢总是滑下来?"亮亮说:"因为我们用了三折的垫子,太长了。我们换两折垫子试试,它比三折垫子短。"小伙伴们对车厢进行了调整,首先是将三折垫子调整为两折垫子,然后将两折垫子有折痕的面向上放,又加了两个三层垫垒高变成"车尾",将两折垫子连接"车头""车尾",造成了新车厢。

图 1-1-13　　　　空间调整→　　　　图 1-1-14

"这才是顺溜的战车。"孩子们开心地再次爬上战车玩起了游戏。亮亮把牛奶盒装在了车头,说道:"方向盘来喽!你们坐好,我们要出发啦,冲啊!"

图 1-1-15　　　　　图 1-1-16

二、户外自主游戏在区域内进行的现实意义

（一）研究的缘起与思考

幼儿教育改革历经了百家争鸣、百花齐放的四十余年，但"以游戏为基本活动"的教育原则未曾动摇，现已在观念上、行动上深入人心。

2014年"安吉游戏"走进了人们的视野。"安吉游戏"倡导"把游戏的权利还给幼儿"，以"真游戏"为核心，由开放游戏环境、赋权幼儿游戏、成人角色支持三要素构成，是一种"以游戏为基本活动"的新型幼儿教育实践模式。"安吉游戏"充分发挥幼儿成长潜能，让幼儿在"真游戏"中形成想法、尝试规划、表达见解、解决问题、积累经验，以实践证明了游戏是符合幼儿身心发展特点与规律的学习方式，打开了幼儿教育的新格局。

为了进一步推动全国各地幼儿园育人方式的变革，促进教育高质量发展，2020年教育部印发了《关于实施安吉游戏推广计划的通知》，旨在坚持"以游戏为基本活动"，做好"幼小科学衔接"，推进科学保教实践，实现学前教育普及普惠优质发展。

2021年，上海市宝山区在上海市教委的支持与托付下，成为了上海唯一的"安吉游戏"实验区。至此，宝山学前教育开启了"游戏"探索的新征程。研究之路上，我们着重围绕三个重点目标展开，即：

- 探索并形成本土化区域教育实践样态，打造"安吉游戏"宝山样本；

- 依托"安吉游戏"促成教师儿童观、教育观、课程观的根本改变,破解宝山教师专业发展的桎梏;
- 基于"陶行知教育思想创新发展区"的特质,以"安吉游戏"项目推动陶行知教育理论实践研究的不断创新。

> **思考与延展**
>
> 你所在的幼儿园或者所属区域也在研究"安吉游戏"吗?你觉得"安吉游戏"带给你最深刻的启示是什么,最大的困难是什么?说说你对"安吉游戏"理念下的课程建设的理解。

(二)实践的历程与启示

项目初期,我们围绕三个重点目标,聚焦两个核心问题:一是基于教育部推广项目的价值追求,思考"为孩子的未来做什么准备";二是立足区域基础,思考"该让哪些园所带头尝试""如何才能将其推广到区域内所有幼儿园"。围绕以上问题展开研讨,试图理清切实有效的行动路径。

1. 行动一:顶层架构,定制方案

在专家组的引领下,我们首先深度剖析我区游戏课程现状,量身定制符合区域特点的三年行动方案:明确了"一个宗旨、两大目标、三阶式"研究重点,尤其在"实践研究阶段"中采用先"画龙"再"点睛"的研究思路,细化出"共同性"与"个性化"两大研究内容;同时确立了"行政、教研"两翼一体式、"市、区、园"圈层联动式、"国家、地方、区域"专家伴随式等行动方式,为宝山区后续学习"安吉游戏"提供了坚实基础。

2. 行动二:双向甄选,试点先行

我们认为,试点园必须具备以下三个特质:迎难而上、破而后立的积极性;立足"家底"、持续优化实践的创造性;助力教师内生性成长的示范性。

因此,我们采用了双向选择的原则遴选试点园,从众多对"安吉游戏"抱有极大研究热情的园所中,慎重选择了五所具有代表性的幼儿园,其中两所为:多年来全身心投入"基于游戏,融于生活"园本特色课程研究的上海大学附属实验幼儿园;在新理念带动下从"水文化"研究逐步转型为基于儿童需求的"沙水游戏"研究的宝山区海尚明城幼儿园。此外,我们将几所上海市示范性幼儿园也纳入行动队伍中:已持续三十多年研究幼儿情感特色课程并形成积淀的宝山区红星幼儿园;知名正高级教师、特级教师方红梅园长与蒋静园长带领的宝山区陈伯吹实验幼儿园、宝山区区直机关幼儿园等,以此进一步强化"安吉游戏"后续的研究力度与辐射效应。

3. 行动三:机制护航,破浪前行

在确定试点园后,专家组根据目标与举措又制定了"定期联席会议制""每月调研制"以及"1+2+N拓展制"三大运作机制。

(1) 机制一:定期联席会议,共谋研究方向

在研究推进过程中,试点园经常会因一些不确定因素影响研究的进度。为此,专家组与试点园定期直面问题进行联合审议,探寻破解路径。

(2) 机制二:每月现场调研,靶向推进落实

灵活采用线下与线上相结合的形式,专家组每月一次循环走访试点园开展调研,通过靶向指导明确后续研究方向,避免走弯路、做无用功的现象。

(3) 机制三:构建"1+2+N"共同体,拓展研究广度

为了进一步拓展"安吉游戏"在区域内的研究深度及广度,项目构建了"1+2+N"教研共同体,以点带面、点面结合、板块联动推进项目实施。

"1"是指由华爱华、徐则民等专家构成的"安吉游戏"推广专家组,作为"龙头"统领各试点园乃至整个区域的研究。

"2"是指由区教研员领衔、区骨干教师为主要成员的区游戏研究团以及实验园联盟

第一章　放手游戏——探求回归的生机

这两类第二研究梯队,有计划有步骤地开展合作式研究。

"N"是指在试点园先行启动与示范辐射作用下,拉动所在学区、学块中各级各类姊妹园开展抱团研究,实现区域协同发展。2022年9月,我们正式启动了"星火燎原,游戏照亮童年"宝山区第二轮"安吉游戏"联盟体推广行动。五所试点园以结对形式各自分别带动五至六所姊妹园,总计吸纳了二十六所各级各类幼儿园加入"安吉游戏"研究队伍,以点带面扩大了"安吉游戏"项目研究的范围,同时宝山区游戏研究团成员分组浸入式参与研究,协助梳理提炼研究经验。2023年6月,宝山区第三轮"安吉游戏"联盟体推广行动再次展开,第二轮的二十六所各级各类幼儿园又分别结对五至六所姐妹园。至此,全区一百四十多家公办与民办幼儿园全体参与其中,在学习共同体的模式中,各结盟园智慧互通,思维碰撞,在游戏课程的重构与实践中实现了互相滋养、彼此成长!

宝山区"安吉游戏"研究正在三大机制的保驾护航下披荆斩棘,一路前行!

> 💡 **思考与延展**
>
> 有的教师认为"安吉游戏"是示范园或大园所的"专利";有的民办园认为"安吉游戏"跟他们没有关系,你是怎么看待这些问题的?你认为"安吉游戏"项目推广的意义是什么?可以尝试分别从所在区域、幼儿园、教师、幼儿等不同方面论述分析。

第二节　回归课程：
直击"以游戏为基本活动"的实践改革

以游戏为基本活动：指遵循幼儿"生活即游戏、游戏即生活"的发展特点，寓教育于游戏，构建以幼儿主体性发展为目的、以游戏为主要形式的幼儿园一日活动。

一、"以游戏为基本活动"的理念悟析与实践

纵观"以游戏为基本活动"的内涵发展历程，我认为教师需要厘清几个关键问题。

1. 什么是游戏？

当前对"游戏"的内涵达成的基本共识是：

游戏是幼儿自发、自主、自由的活动。

游戏能够反映幼儿身心发展的特点和水平。

游戏符合幼儿身心发展需要，是幼儿的基本权利。

游戏是幼儿对现实生活创造性的反映过程。

游戏中，幼儿有目的、有意识、积极的活动，是主动学习的过程。

简而言之,游戏体现的是幼儿的爱好,彰显的是幼儿的天性,保障的是幼儿的权利,顺应的是幼儿的需要,内隐的是幼儿的"工作",实现的是幼儿的发展。

2. 什么是基本活动?

基本活动一般包括两类:一是满足基本生活需要,在人的生活中占比最多的活动;二是对生活、发展具有重要意义或影响的活动。

作为幼儿园的"基本活动"应具备三方面的特质:

能够满足幼儿需要,在幼儿生活中占比最多的活动;

最符合幼儿阶段发展特点和水平的活动;

能促进幼儿实现发展目标的有意义、有价值的活动。

当前幼儿园的基本活动类型包括生活活动、游戏活动、运动活动、学习活动四种。

3. 为什么以游戏为基本活动?

结合"游戏"和"基本活动"的内涵诠释,我们可以建立这样的关系模型:

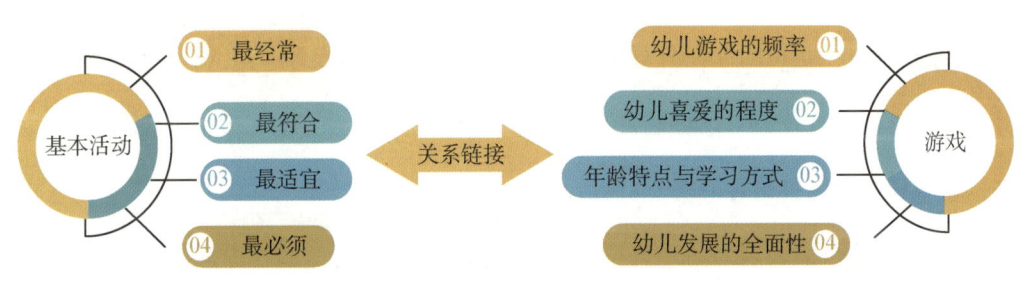

基本活动
- 01 最经常
- 02 最符合
- 03 最适宜
- 04 最必须

⟵ 关系链接 ⟶

游戏
- 01 幼儿游戏的频率
- 02 幼儿喜爱的程度
- 03 年龄特点与学习方式
- 04 幼儿发展的全面性

图 1-2-1

不难得出,"以游戏为基本活动"是幼儿身心发展特点、生活需求及发展目标所决定的。

"以游戏为基本活动"强调幼儿园所有活动在本质上要具有游戏的性质,要把目标、任务融于各种游戏之中,要支持幼儿在快乐游戏中"完实"情感、"厚实"经验、"丰实"能力,从而全面发展。

> 💡 **思考与延展**
>
> 你怎样理解"儿童以游戏为生活""游戏是儿童的生命"的含义？请尝试运用幼儿心理、生理发展特点的相关知识，结合班级幼儿的案例，说说对"以游戏为基本活动"的认识。

基于以上对"以游戏为基本活动"的阐释，我们可以发现，自由且自主的游戏可以提高一日活动中幼儿的参与水平，能够最大程度实现幼儿经验范畴的拓展。"以游戏为基本活动"需要做到以下几点。

（一）全方位落实"自由"的游戏精神

游戏精神的本质就是"自由"。游戏的"自由"意味着幼儿可以依据自己的喜好任意选择游戏的内容和形式。

游戏精神，一是指幼儿在游戏中表现出来的精神特质，是幼儿主观意识、思维意识等的指征；二是指游戏本身蕴藏的精神特质，是游戏内在本质、魅力、价值的彰显。

游戏精神是多种精神的统一，包括：

主体性精神，既表现为幼儿全身心投入游戏，专注而自信，愉悦而满足；同时也表现为幼儿积极主动发展，包括主动与环境作用、主动操作与探索、自主运用与建构经验等。

独立精神，表现为幼儿依循自我意志，独立决策与行动、控制与调整、解决问题等，进而达到自我认知与自我实现的境界。

创造精神，表现为游戏中幼儿别出心裁地展示生活经验，创造性地自我表达理解与理想；同时，也表现为能够尝试从不同角度、用多种方法创造性地解决问题。

本文提出的"全方位"，不仅指一日活动的全部内容与过程，更指向"游戏精神"全方位的诠释与落实。

综上所述,在开展"以游戏为基本活动"的实践时,我们不能仅简单考量游戏内容或游戏形式,而要将"游戏精神"作为一日活动中各类活动的内在引领,释放一日活动"自由"的活力。

> 💡 **思考与延展**
>
> ◆ 你认为"自由的游戏等于放任自由"吗?你认为教师和幼儿各自在游戏中的主体价值是什么?
>
> ◆ 你如何理解"幼儿园所有活动都具有游戏性质"?要为所有活动都设计游戏内容吗?
>
> ◆ 实例练习:请结合你所在幼儿园的现状,尝试规划(优化)"游戏精神"引领下的一日活动安排与组织要点。

(二)全过程贯彻"自主"的游戏内核

幼儿发展的核心之一是其主体性的发展。幼儿的主体性体现为:

整体性,即生理与心理、智力与非智力协同发展。

独特性,即有独特的个性,不同的认知结构、理解方式、个体需求、成长规律等。

选择性,即幼儿依据自身需要做出决定的权利和能力。

能动性,即幼儿积极主动与外界事物相互作用,主动建构经验。

创造性,即幼儿对原有事物或经验的迁移与创新。

"自主"指个体主动作为,不受他人支配。在自我认知的基础上,独立思考与判断,规划与发展。游戏的"自主"意味着幼儿可以按照自己的意愿决定游戏的组织方式和进程,是幼儿主体性发展的重要方式。

自主游戏的"自主"体现在:以幼儿为主体,幼儿经历"自主选择—自主计划—自主

图1-2-2

行动—自主管理—自主表达—自主回顾—自主调控"的自主全过程,并真正发挥在活动中的主体性、能动性和创造性。

值得注意的是,本文提出的"全过程",不仅是指幼儿游戏的全部过程,更是指幼儿园一日活动的全部过程,甚至是指幼儿生命发展的全过程。作为教育者,需要用发展的眼光看待"自主"与"自主游戏"于幼儿成长的意义。

> 💡 **思考与延展**
>
> ◆ 依据上述内容,尝试反思当前落实"自主游戏"的过程中出现的问题。你认为影响"自主游戏"与幼儿发展的原因有哪些?
>
> ◆ 实例练习:仔细观察,你的班级里有常说"我不会""等一等"的幼儿和"小尾巴(常模仿跟随其他同伴的幼儿)"吗?想一想,试一试,如何通过自主游戏助力这类幼儿的发展。

二、户外自主游戏的实践探索与突破

一日活动包含生活活动、运动活动、学习活动、游戏活动四类活动,共同促进幼儿的全面发展。其中游戏活动既是活动类型,又是活动方式。因此除了游戏活动本身,我们还需要根据其他三类活动的特质及教育意图,融入"安吉游戏"精神,促进课程整体变革。我们尝试从"游戏空间"入手,用"户外自主游戏"突破教师固化的心理认知,下文将结合实践经验进行分享。

第一章　放手游戏——探求回归的生机

（一）户外自主游戏与生活的融合

生活是人存在和发展所必需的活动的总和，包含了两部分内容，一是具有重复、习惯特征的周而复始的日常生活，也就是"吃喝拉撒"等；二是为了提高生活质量而进行的特别活动，如整理物品、自我保护、共同生活等。

户外自主游戏与生活相融合的目的是更好地实现日常生活与特别活动的结合，是对传统生活活动的补充、延伸，是对新型生活教育模式的尝试。

两者融合的主要意义有：

户外自主游戏的娱乐性更强，相较于日常生活活动，幼儿更乐于在户外自主游戏中接受生活挑战，吸收生活经验，从而提升在生活实践中的自我效能感。

户外自主游戏中的生活内容更为丰富，幼儿可以获得更多应对生活问题的技能与能力。

户外自主游戏中的生活情境更为多样，更能支持幼儿灵活使用生活经验，增强自信心。

两者融合的要点是：

发挥户外自主游戏拓展幼儿生活实践空间的功能。

重视并拓展户外自主游戏中产生的生活问题的价值。

强调并支持幼儿在行动中内化并更新生活经验的过程。

案例：巧还玩具

年龄段：大班

堆在三层平台的繁多杂乱的玩具一直是幼儿、老师的烦心事。

自主游戏时，幼儿常将玩具从平台上向下扔，这既不文明也不安全。

为了解决这一问题，围绕"怎么还玩具"的探索就此开始了。

■ 镜头一：滑板车

一开始，孩子们尝试用滑板车从上往下运玩具。可是，他们很快就发现，第二层的平台太低了，需要匍匐前进才能通过，而且还有台阶，滑板车很难通过，这样运玩具的方式并不轻松。

图1-2-3 滑板车

■ 镜头二：接龙

孩子们结合在平台上玩枪战对垒游戏的经验，想到了一种运输玩具的新做法：一些人站在第三层，一些人站在第二层，一些人站在底层，从上往下传递。可是很快，他们又发现了许多新问题，比如，第二层的人既要接又要送，所以需要的人数最多，可是很多人都不想在第二层，因为又接又送真的太累了。

图1-2-4 接龙

■ 镜头三：滑垫

孩子们又想到了大家都喜欢玩的滑梯，他们想为玩具也造一条"传送梯"。他们先找来了垫子进行拼接，可是拼接的垫子不易固定，一抬起来就散了，更别提组合成斜坡。他们又搬来了竹梯，将竹梯的一端靠在第三层上，另一端抵在地面上形成坡度，再从第一层向第三层一块接一块地铺放垫子，直到覆盖竹梯顶端，

图1-2-5 滑垫

第一章 放手游戏——探求回归的生机

这样一条长长的"玩具传送滑梯"就完成了,果然玩具的传输速度变快了,孩子们也更轻松了。

■ 镜头四:索道

还有什么办法可以更快地整理玩具呢?孩子们发现绳子是个好东西!一人拉绳子的一端,另一人拉另一端,将绳子从镂空的玩具中穿过,也能让玩具慢慢滑落到底。

图1-2-6 索道

教师的心声:幼儿在自主整理时,不再是机械、被动地操作,而是主动利用熟悉的游戏材料,创设不同的既省力又具有娱乐性的整理玩具的方法。

表1-2-1 "巧还玩具"的探索

	二层平台 滑板车	三层平台 人力接力	三层平台 搭设滑垫	三层平台 挂"牵引绳"
创设的难易度	幼儿自主操控滑板车通过矮平台,挑战性较高。	人力传送对幼儿的合作水平要求较高。	滑垫较长需幼儿相互合作,双手举起进行拼接且竹梯重量大,坡度大,挑战度较高。	幼儿间需相互配合,拉住绳子的两端且不能放手。这对幼儿的合作水平要求较高。
幼儿游戏坚持性	幼儿需要爬上阶梯,匍匐前进,体力跟不上。	三层、一层的幼儿比较投入,坚持性高。二层的幼儿体力消耗较大,部分幼儿中途放弃。	三层平台的坡度大、垫子相连的长度长,两个挑战的结合激发了幼儿的探索欲,幼儿的游戏坚持性大大提升。	将绳子穿进镂空的积木块,积木块通过长绳滑落至地面,这一游戏行为对于幼儿是新鲜且有趣的,幼儿纷纷积极探索与尝试,坚持性较高。

续表

	二层平台 滑板车	三层平台 人力接力	三层平台 搭设滑垫	三层平台 挂"牵引绳"
还玩具的时效性	障碍比较多，只能容纳个别幼儿在其间穿行，且幼儿一次可搬运的玩具数量有限，效率较低。	幼儿可以齐心协力完成，参与人数多，搬运速度较快。	幼儿发现长斜坡有利于从三层平台运送玩具至一层，搬运的效率提高了。	其局限性在于只能运送镂空积木。
幼儿的游戏体验	1. 有了滑板车，可以一次尽可能多地搬运玩具。 2. 使用滑板车时需要躲避障碍和同伴，要关注安全。 3. 空间低矮，需要压低身形、匍匐前进，过程中要尽可能调整好自己的姿势和动作。	1. 可以用接力的方式进行活动。 2. 从三层到二层，从二层到一层需要逐层传递。 3. 三层幼儿传、二层幼儿先接再传、一层幼儿接过玩具放好，每层幼儿各有分工，需要配合。	1. 有了梯子的支撑与架设，拼接的垫子较稳固。 2. 较大积木块速度较大，容易在滑落时改变路线。扁平的轻积木速度较小，能够沿着垫子滑落。	1. 绳子拉直时木块的滑落速度比绳子弯曲时的滑落速度要快。 2. 相同情况下体积较大的木块的滑落速度比体积较小的木块的滑落速度要快。 3. 可以改变绳子的尾端方向来调整积木块滑落的方向。
安全性	幼儿需要搬运滑板车通过阶梯及低矮空间，有绊倒或被撞倒的风险。	较安全。	坡度大，体积较大的积木块速度快且容易偏离路线，从而容易发生砸中幼儿头部的情况。	绳索的摩擦对于积木下落速度有一定的缓冲作用，从而危险系数低。但大型积木块仍需引起注意。

此外，幼儿的合作能力得到较大提升，为了解决问题而开始萌发分工的意识。例如在游戏中，幼儿需要分工确定谁在上层把玩具放在垫子上，谁在下面接玩具，谁去寻找散落的积木块等，幼儿合作分工安排了不同的工作。

> 💡 **思考与延展**
>
> ◆ 请说说幼儿生活活动的具体内容有哪些？你认为所有的生活内容都适合以游戏的方式开展吗？为什么？
>
> ◆ 结合已有经验或尝试实践，谈谈你是如何将户外自主游戏与幼儿生活相融合的？你获得了什么启示？

（二）户外自主游戏与学习的结合

学习指幼儿有目的、有计划地通过直接感知、实际操作和亲身体验等方式获取经验的过程。学习包括两层含义：一是学习知识、技能；二是学会学习，即掌握学习的方法，能正确感知、加工、转化、创造信息，利用信息分析、解决问题，从而实现自我开发、自我超越、自我发展的目的。主动培养良好的学习品质也是学会学习的一部分。

当前幼儿园的学习活动主要有两种形式，即集体教学活动和个别化学习活动，较为倾向于"高结构活动"，有着相对明确的教育目标。本文提出户外自主游戏与学习结合的目的是构建"高、低结构活动"自然转换的路径，是实现"以学定教"的具体方式，是对一种新型的学习生态的尝试。

两者融合的主要意义有：

户外自主游戏更自由、更有趣，不仅能吸引幼儿主动且持续参与，而且能增强幼儿学习的自主性和持久性。

户外自主游戏具有更大的自主选择和学习的空间，更能体现并满足基于幼儿需要，是符合幼儿发展规律的个性化学习。

户外自主游戏能提供更多的操作机会，更符合幼儿的认知特点及学习方式，能够支持幼儿玩中学、做中悟，真正理解、内化经验。

户外自主游戏中幼儿面对的"问题"更多样、更复杂,幼儿需要调动各领域经验、联结新旧经验设法解决问题,因此户外自主游戏更有益于幼儿学习品质与学习能力的提升,增强学习自信。

两者融合的要点是:

利用户外自主游戏支持幼儿把经验应用到更广泛的情景中。

善于捕捉户外自主游戏中生成的问题作为幼儿学习的主题。

注重幼儿"边游戏边学习、边学习边游戏"的持续交互过程。

案例:装了多少

年龄段:中班

在户外自主游戏中,"积木"不仅是建筑用的"砖块",还可以是蒸笼里的"米糕"……

■ **镜头一:怎么装进更多的"米糕"**

萌萌在玩卖米糕的游戏,他在蒸笼里横着两块、竖着三块一共放了五块"米糕",他看了看蒸笼里还有空余的位置,又拿了两块想继续放,他自言自语地说:"放七块没问题。"可是,第七块"米糕"却怎么也放不进去了。萌萌着急了:"明明还有空地方,怎么就放不进去呢?"萌萌不断调整摆放"米糕"的方法,可就是放不进去。

他叫来了一旁的诗诗来帮忙,诗诗很自信地说:"把位置调整一下就可以放进去了。"她一边说一边动起手来,可是左放右放结果并不如意。诗诗想了想,改变了策略,她把平放着的"米糕"侧着放,用六

第一章　放手游戏——探求回归的生机　025

图 1-2-7

块"米糕"沿着蒸笼的四周围了一圈之后，又在蒸笼内平放了三块积木，之后还在空隙处插上了两块侧着放的方积木，萌萌在一旁开心地拍手："哇！你太厉害了！"诗诗听了，非常得意地数了起来："你只能放六块，我能放十一块！你觉得我放得多吗？"

图 1-2-8

这时，彤彤来了，她说："我觉得我能放得更多。"诗诗说："你别说，我来放，我也可以。"诗诗又开始调整蒸笼里"米糕"的摆放方式，她把"米糕"全都竖立起来，这下蒸笼里又多出了不少空间，诗诗一边放"米糕"一边检查哪里还有空隙，直到蒸笼里再也插不进一块积木为止。

图 1-2-9

■ 镜头二：怎么数清楚有多少"米糕"

三个孩子洋洋得意地看着自己的胜利果实："哇！全满啦，真多啊。"彤彤问："我们到底放了多少呢？""数一数吧。"诗诗建议，并伸出了小手一块块指着数："1、2、3……11、12。"数着数着就乱了，诗诗说："这些木块排列没有规律很容易数错的。"

彤彤说："要么我们围着圈来数，先数外面再数里面，按照一定的规律来就不会数错了。"可是数着数着，孩子们又发现：外面的"米糕"是围圈排列的，可是里面的"米糕"有的横放，有的竖放，没有规律，不是重复数了就是漏数了，数着数着就会错。数了几次，每次答案都不同，这可怎么办呢？

诗诗又想了个办法："我们三个人各自数，数完了，我们报一下数字，如果大家数出来相同，那就是最终答案。"萌萌大声数起来，诗诗和彤彤连忙提意见："你不要发出声音来，会影响我们数数的，我们都在心里默数吧，数完了对答案。"可是数了几次，孩子们的答案都不一致。

诗诗用手比画成菜刀的模样在"米糕"上切了两刀，说："现在好了，我把'米糕'分成了三份，大家各数各的，等会儿合起来就知道有几块了。"可是"菜刀"划出来的痕迹并不是真实存在的，由于边界不清，孩子们数着数着又搞混了。

三个孩子顿时没了主意。过了一会儿，萌萌想到了一个好办法："为什么要一块块重新摆呢，我们把里面的"米糕"全部倒出来，数一数不就搞清楚了吗！"孩子们把倒出来的积木块一块块垒好，按顺序数，一会儿就有了结果，孩子们兴奋地告诉教师："我们终于数清楚了，

第一章　放手游戏——探求回归的生机

总共有三十三块'米糕'"。"答案是否正确,你们验证过了吗?"教师问。孩子们再次调整数"米糕"的方法,很肯定地说:"没错了,是三十三块,我们十个一排排了三排,这样就有三十块,上面还有三块,加起来就是三十三块啊!"

图 1-2-10

教师的心声:游戏是幼儿主要的学习方式,它既能提供学习的内容,又能强化学习行为的效果。在自主游戏中幼儿可以自主选择适合自己的学习方式和学习策略。在"装了多少"案例中,我们可以看到幼儿的自主学习过程,如下表所示:

表 1-2-2　幼儿的自主学习过程

幼儿的学习	学习的过程
感知面积	从大到小:平放→横放→竖放
摆放数量	从少到多:6→11→33
数数方式	从左到右、从上到下→封闭式数数→分区域数数→排列数数

幼儿是如何建立起事物之间的联系的? 幼儿通过"试错""优选",加深了认知,体会空间关系的改变过程,继而开始产生"最多矩形"

"最大面积"和"最小空白区域"等规律性认知；随后，幼儿不断地调整数数方法，在尝试数清的过程中理解了"数量""有序"的概念。学习的"行""知"合一，正是我们希望幼儿们进入的境界。

> 💡 思考与延展
>
> ◆ 结合自身的教育经历，谈谈你对"幼儿的学习是以直接经验为基础，在游戏和日常生活中进行的"这句话的理解。
>
> ◆ 结合已有经验或尝试实践，谈谈你是如何将户外自主游戏与幼儿学习相结合的？获得了什么启示？

（三）户外自主游戏与运动的整合

运动指可以促进人的身体健康的活动，是一种关联体力、技巧，通常具备竞争性的活动。幼儿园的运动活动指遵循幼儿生长发育的特点和规律，运用多种材料和多元形式，以身体锻炼为基本手段，增强幼儿体质，促进动作协调发展，培养良好个性品质的教育活动。

我们发现，当下的运动活动中，教师最为关注的是幼儿的身体锻炼，其次是运动中幼儿坚持运动、勇于挑战的品质锻炼，容易忽略运动对幼儿大脑发育、心理健康、情绪调节的锻炼价值。户外自主游戏与运动整合的目的是让幼儿在自己擅长的游戏中运动并获得成功感，自我悦纳，更加自信；让幼儿在更灵活多变的游戏场景中运动，提高幼儿的环境适应力，开发运动潜能；让幼儿在轻松愉悦的游戏中运动，缓解挑战带来的紧张感，疏解心理压力，形成积极乐观的情绪体验。

第一章　放手游戏——探求回归的生机

两者融合的主要意义有：

融合后的运动自由度更高、趣味性更强，幼儿运动的兴趣和意愿进一步提升，能够彻底释放运动能量。

户外自主游戏中的运动空间更为开放、场地类型更为多元，因此幼儿的运动方式更为多变，所需的运动能力也更综合，突破了"动作机械练习"的困境。

户外自主游戏中的运动材料更丰富，材料组合更多样，这意味着幼儿能够根据自身的运动水平自主创设运动环境进行挑战，不仅满足了幼儿当下的发展需要，更体现了幼儿的个性化需求。

户外自主游戏中的运动更具动态性，幼儿在及时调整运动内容的同时需要不断应对生成的挑战，克服运动过程中的困难，幼儿的运动品质和运动技能都得到了发展。

两者融合的要点是：

将运动动作和运动能力渗透在户外自主游戏材料中。

鼓励幼儿积极挑战户外自主游戏中复杂的运动情境。

案例：解锁滚筒新玩法

年龄段：大班

孩子们就"筒可以怎么玩"展开了一场探索。

■ **镜头一：筒快停下来**

诗诗、悠悠、小兜、糯糯一起把四个大小不同的滚筒合作推到了操场上。诗诗说："我们先爬上滚筒试试。"悠悠有点迟疑，说："可是滚筒会滚，不稳的，我怕会摔下来。"糯糯想了想说："那我们让滚筒先不要滚。"糯糯提议:"我们可以放一把梯子挡在前面。"糯糯和小兜把梯子的一头架上了滚筒,另一头抵住地面,糯糯双手抵住滚筒准备向上爬,这时,滚筒向前滚动了起来,梯子倒在了地上,腿还没伸直的糯糯赶紧从滚筒上爬了下来。"梯子太轻了会倒下来,滚筒还会移动,怎么办呢?"孩子们开始思考解决问题的方法。悠悠环顾四周,指着一旁的轮胎兴奋地喊:"试试这个吧。"她们将轮胎抵放在滚筒与滚筒之间,用手推动滚筒:"你们看,滚筒不动了。"就这样,孩子们用间隔的方式将滚筒和轮胎组合成了一条长长的路,又在滚筒之上架起了梯子。悠悠踩着轮胎跨过滚筒,小兜尝试站着从一个滚筒跨越到下一个滚筒,诗诗慢慢地从梯子上经过。玩了一会儿,诗诗把木梯下方两个滚筒间的一个轮胎拿走了,悠悠问:"你为什么要把这个轮胎拿走?"诗诗说:"这样可以增加一点难度。"

图 1-2-11

■ 镜头二:一起翻滚吧

晨晨、欣欣、多乐、可可这次是带着"'一起滚'的计划书"来玩的。她们把四个大小不同的滚筒横着并排推到了一起。晨晨率先爬上了她面前的第一个滚筒,她慢慢地向前爬,爬到最前端(第四个)的滚筒时向后喊道:"你们

图 1-2-12

快推呀。"站在第一个滚筒边的多乐用尽力气向前推,但是滚筒丝毫未动:"太重了,推不动呀。"欣欣和可可说:"我们来帮你。"可是三个小伙伴竭尽全力,也只是让滚筒向前滚动了一下。

这时晨晨上前钻到了第一个滚筒的里面,她的身体向滚筒滚动的方向用力,滚筒开始缓慢地滚动起来。欣欣对着可可和多乐说:"你们快推,可以动啦。"可可和多乐开始一起用力推动第一个滚筒,随着晨晨在最前端的筒上用力,欣欣在第一个滚筒用力,四

图1-2-13

个滚筒开始向前同步移动了起来。孩子们轮流交换位置,玩得不亦乐乎。

教师的心声:我们总是想着为幼儿提供"高级玩法",恰恰忽视了"高级玩法"常在幼儿的自主游戏中悄然生成。孩子的游戏从"初级"到"高级"之间差的就是教师的那一点"等待"和"放手"。在思考与尝试如何"让筒更好玩"的过程中,幼儿们基于对滚筒特性的探索与认识不断重组材料,建构了不同的游戏路径和玩法,在行动的过程中应用并发展了钻、爬、平衡、跨、滚等动作。此外,从寻找最"稳"的材料到脱离最"稳"的材料,他们开始依据自身情况尝试调节节奏,从四个滚筒"滚不动"到四个滚筒"滚得快",我们不仅看到了幼儿之间的合作,更看到了她们的运动智慧。

> 💡 **思考与延展**
>
> ◆ 运动游戏是自主游戏吗？
>
> ◆ 操场上有一筐皮球，孩子们自发地玩了起来：有的孩子带着皮球走上了平衡木；有的孩子开始了抛接球；有的孩子索性推起了皮球筐，一边推着越过起伏的小山坡，一边喊"卖西瓜啦"。请问，这是运动还是游戏？这是自主游戏吗？它是否体现了自主游戏与运动的整合？
>
> ◆ 结合已有经验或尝试实践，谈谈你是如何将户外自主游戏与幼儿运动相整合的？你获得了什么启示？

三、户外自主游戏的实然困境与挑战

上海市教育委员会托幼工作处副处长王纾然指出，对"安吉游戏"的探索，是为了更好地贯彻游戏精神，促成教师儿童观、教育观、课程观的根本转变。事实上，户外自主游戏的开展在一定程度上打开了教育新局面，但仍存在需要持续解决的问题。

（一）理念与行为相悖

随着户外自主游戏的推进，我们发现教师并不缺乏对游戏、游戏与课程、游戏与幼儿的关系的认识，不缺乏对"以儿童为主体""基于儿童"等理念的思考，但是在行动落实的时候是否具有准确性和有效性，还值得思量。本文中想要探讨的"知行背离"指的是教师在开展户外自主游戏时，在落实游戏精神的过程中存在认知或行为上的误区，主要包括：

1. 表现出"置身事外"

教师可能会过度解读"自主游戏"的自由内涵，认为在游戏的过程中除了安全防护、观察记录（倾向于拍摄本身）以外，自己不应该也不需要"作为"。

2. 表现出"唯我独醒"

当幼儿遇到困难时,教师可能会急于分享自己的发现与智慧;当幼儿有所成就时,教师可能会急于表达自己的肯定与赞赏,忽视了"等待的魔力"。这样不仅可能打断了游戏的真实走向,也可能剥夺了幼儿自主解决问题的机会,更降低了幼儿持续思考、修改、创造的可能。

3. 表现出"盲目崇拜"

教师可能会沉浸于发掘幼儿的"哇"时刻,对幼儿的所有行为照单全收,忽略了幼儿行动中的不合理、不妥当、不安全,错过了许多有价值的教育契机,满足于幼儿发展的当下,缺少了对幼儿长远发展的考虑。

4. 表现出"繁花迷眼"

"幼儿人数多""关注点多""生成问题多""精彩画面多""目标不明确"等因素可能会让教师身陷难以选择游戏、容易判断失误的困境。

上述问题的原因归根究底是教师的专业理念与专业能力之间存在差距,这才导致了教师"知""行"的"脱钩",所以提升教师的专业底蕴迫在眉睫。

💡 **思考与延展**

◆ 你认为户外自主游戏中教师与幼儿应该呈现一种怎样的关系?你如何理解徐则民老师提出的"站稳十分钟""管住嘴、管住手"的意义与可行性?

◆ 在户外自主游戏中,教师需要介入吗?请结合案例说说你的思考与做法。

(二)观察与反思脱节

在户外自主游戏中,教师惊喜于幼儿精彩纷呈的表现的同时,也不由自主发出了

"我该不该做？我该做什么？我该怎么做？"的自我叩问。我们对大量教师在户外游戏现场的表现进行观察与记录，通过梳理发现，大部分教师会表现出以下几种状态：

手足无措——不知道做什么。

不知进退——不确定应做到什么程度。

碌碌无为——好像做了，又好像没做。

反向作用——做了反而不好。

真正做到"自信从容""游刃有余"的教师少之又少。为此，我们对教师进行了访谈，找到了教师的"堵点"：

难以建立幼儿行为表现与内在体验、需要的关系。

难以建立发生的问题与幼儿发育水平、认知发展水平的关系。

难以建立教师行为与幼儿需求及发展的关系。

简而言之，大多教师较为缺乏"思考力"，即提出论点、分析现象、阐释原理、解决问题的能力，以及自我审视、自我反思的能力。当前我们的教师还没有建立"是什么—为什么—怎么办"的思维习惯和逻辑，仍处于就事论事看待和处理户外自主游戏中的"矛盾""难题"的阶段，容易忽视、弱化户外自主游戏的真正价值。

> 💡 **思考与延展**
>
> ◆ 在户外自主游戏中，教师为什么会出现"视而不见""和我想的不一样"的情况？
>
> ◆ 你认为教师的反思能力是一种怎样的能力？教师为什么要具备反思能力？谈谈你准备如何提升反思能力。

(三) 安全与风险禁锢

一枚硬币有两面。户外自主游戏在满足幼儿自由选择的需求的同时,也为游戏中的幼儿安全防护带来了前所未有的挑战。

1. 源于幼儿的挑战,包括:幼儿过于投入游戏,"玩开"后自我控制能力变弱,容易"误伤";幼儿身体发育未完善,动作不够灵敏,表现为经常磕绊、碰撞;幼儿缺乏安全意识,缺少生活经验,无法及时判断及应对突发状况并采取自我保护措施。

2. 源于家长的挑战,包括:家庭的"包办、代替"让幼儿的行动能力和自我防护能力显得较为薄弱;需要耗费大量的精力与家长沟通幼儿安全防护事宜,甚至会受到无理指责与纠缠。

3. 源于教师自身的挑战,包括:教师对场地、材料、游戏中可能会发生的安全问题缺乏预判能力;教师忽略了"堵不如疏"的道理,往往过度放大安全风险,缺少了指导幼儿自我保护的意识与方法。

基于以上的"压力",教师常常陷入"放手或不放手""作为或不作为"的两难之中,在户外自主游戏中常呈现"不稳定"的状态。

💡 **思考与延展**

◆ 孩子们自主玩起了"野战"游戏,晓晓徒手爬上了高高的树杈把自己藏起来不让"敌人"找到;萌萌抓起了地上的小树枝当"小手枪",瞄准了小伙伴;豆豆拽着闹闹急速奔跑躲避"敌人"的攻击。请结合实践,谈谈如何平衡幼儿游戏与安全之间的关系,你会怎么做?

第三节　回归儿童：
直面以"儿童发展优先"的游戏旨归

儿童发展优先：主张"一切为了儿童",强调儿童的发展应高度优先,要坚持以儿童可持续发展优先、以儿童发展规律优先、以儿童发展需求优先,促进儿童整体发展、主动发展、差异化发展。

一、"儿童发展优先"的游戏逻辑与特质

（一）让幼儿"想己所想、做己所做"

以"儿童发展优先"的游戏需要体现幼儿的发展规律和发展需要。陈鹤琴先生提出："凡是儿童自己能想的,应当让他们自己想;凡是儿童自己能做的,应当让他们自己做。"游戏作为幼儿生命活动的基本形式,是回归幼儿主体性、满足幼儿需要、保障幼儿身心自然健康发展的重要载体。

因此,以"儿童发展优先"的自主游戏的本质是把幼儿视作有能力的权利主体,将游戏的权利还给幼儿,允许幼儿拥有自己的意见,行使自己的权利,放手让幼儿玩自己想

第一章 放手游戏——探求回归的生机

玩的游戏,用自己的方式玩游戏。

案例:投篮游戏

年龄段:大班

■ 场景一:简单的快乐

活动开始了,孩子们三三两两地组队。久久和暖宝眼疾手快,"抢"到一个井字梯。她们在井字梯上架了一个轮胎搭成了"篮筐",找来皮球,从各个方向把皮球投进去。暖宝每次都能进球,久久几次都没投进去,有点失落的她看着得意洋洋的暖宝,马上提出了异议:"你站得这么近投进去,算什么本事啊!"暖宝很配合地后退几步,这回真的没投进去,久久有点小得意:"你瞧,难度升级了吧!"过了一会儿,井字梯旁边又多了个滚筒做的"篮筐",她们把井字梯篮筐当作"第一关",而滚筒篮筐更高些,是"第二关"。她们反复游戏,享受着简单的快乐!

另一边,平平和同伴搭建了一条"危险"的道路——架在轮胎上的木板,还有个一字梯悬空摇摆,两个梯子间的距离好像也不太合理,他们在一摇一晃的木板桥上故意用力晃动着,木板桥有点粗糙,但他们很享受这简单的快乐!

图 1-3-1

教师的心声:游戏中,每一组幼儿创造的玩法都很简单,没有出现期盼中的大型的、极有挑战性的场景。教师不禁自问:"简单的快乐是退步吗?"在交流分享活动中,久久满足于第一个想出了不同的投篮方式,平平骄傲于创造出了一条不太稳的"勇敢者道路"。这让教师看到了幼儿在自我评价中展现出的自信,他们自信,因为这些玩法都是他们自己想出来的。教师意识到乐于创造、不愿一味模仿就是一种进步!

■ 场景二:坚持的成果

睿睿和小楷组队玩投篮游戏。他们要试一试前面小伙伴们想到的让皮球自己滚出来的方法。小楷找来了长板,将长板一头架在井字梯中间的横挡上,睿睿找来皮球尝试投篮:"嘿!成功了!"皮球落进井字梯,碰到木板就顺着"滑梯"滚了出来。小楷也来尝试,可这次皮球没碰到长板,从旁边的洞滚到井字梯底部去了。他们再试了几次发现,皮球自己滚出来的概率不高。小楷注意到长板开始向下滑落,就把它往井字梯里挪进去了一点,试着把井字梯里那个"漏洞"挡住,但皮球反而被长板卡住滑不下去了。"有什么办法能让皮球每次都顺利滚落出来呢?"小楷和睿睿一起蹲下身观察。小楷说:"这个洞太大了!"睿睿接着说:"是啊,一块板挡不住。"小楷提议:"可以多用几块板试试。"小楷和睿睿搬来长板,架在井字梯的另一面,投球尝试——再搬长板——再试……他们一次次

图1-3-2

图1-3-3

第一章　放手游戏——探求回归的生机　　039

投球,每次成功后都会发出欢乐的欢呼,这也吸引了其他孩子的加入,最后井字梯四面都架上了长板,皮球每次都能从长板上滚出来啦！小楷拉来了老师说:"老师,你能帮我拍下来吗？"

教师的心声:这是一次独立思考、专注做事的体验。小楷和睿睿反复尝试、观察、调整,虽然遇到了挫折,但始终没有放弃,最终获得了成功,在此过程中幼儿"遇到困难不放弃""持续专注""亲身操作解决问题"等重要品质得到了发展,同时也增强了成长的自信心。

■ 场景三:游戏的进阶

久久和队友搭建了前些天睿睿动脑筋设计的篮球架,马上就有同伴尝试投篮玩了起来。久久站在一边望着篮球架思考,她想再造一个更高的篮球架,用什么造呢？她们找来了滚筒竖起来做篮球架。可是它跟前面造的井字梯篮球架差不多高。很快就有同伴提出意见:"投进滚筒的球滚不出来怎么办？"有人提议:"滚筒下面要有空隙,皮球才能自己滚出

图 1-3-4

来。""好主意！那就去找找有没有悬空的架子可以垫在下面吧。"经过一番尝试,女孩们齐心协力把滚筒架到了轮胎上。试了一下,她们发现滚筒架得不够高,皮球还是滚不出来,就又加高了一层轮胎,这次皮球可以顺利从滚筒下出来了,太棒了！女孩们为自己喝彩！这时,造高架桥的小伙伴跑来联络久久:"我们的高架桥正在通往你们的篮球架。"很快,高架桥被移了过来,孩子们抱着皮球跃上"勇敢者高架桥",站在最

高点投篮,大家都觉得今天的投篮游戏太刺激、太好玩了!

  教师的心声:当幼儿们重回"投篮游戏",教师看到了高架桥的加入,滚筒、井字梯的创新用法,而这些创新,也让教师看到了幼儿已有游戏经验的"影子",如躺倒的井字梯变成了通道,滚筒与轮胎组合成了篮筐,高架桥与篮球架的连通……幼儿们在积极迁移已有的经验从而完成一次次的创新与创造。

  "儿童发展优先"意味着不以成人眼中的"难易"为标准来评价幼儿,而是认同幼儿的点滴进步,让幼儿拥有成长的信心;是不急于求成的等待,让幼儿自己来建构经验,拥有成长的能力!

思考与延展

◆ 结合"儿童发展优先"理念,谈谈你对从"一般的、统一的"幼儿走向"具体的、个性化的"幼儿的理解。

◆ 尝试结合实践案例,辨析"基于儿童立场"和"儿童发展优先"的联系与差异。

(二) 让孩子"玩出个性,玩出成就"

以"儿童发展优先"的游戏需要体现幼儿的发展。幼儿阶段,游戏的过程就是幼儿个性、智力、能力等发展的过程。自主游戏充满变化和创造性,游戏中生成的"复杂"问题更容易激活幼儿的思维,驱动幼儿在行动中找出解决问题的方法,理解并积累各种不同的经验。

第一章　放手游戏——探求回归的生机　　041

因此,"儿童发展优先"的游戏其核心是让幼儿"玩有所乐、乐有所为、为有所成",即支持幼儿在游戏中主动构建自我概念,了解自己能做什么,主动自我指导做些什么;在游戏中学习,想方设法让自己拥有"做"的方法和能力;在游戏中创造,尝试让自己"做成",增强思维灵活性、变通性、创新性,做出自己的"特色或风格"。

案例:好玩的轨道

年龄段:中班

■ 镜头一:球为什么滚不下去?

孩子们将黄色的架子随意排成一排,然后一人拿了一根U形管往架子上放。将六根U形管排成一排后,孩子们便开始尝试将小球放在轨道上玩。秋秋拿了小球放在轨道上,绿色的球没有滚出去,被卡在了轨道上。他看了一下,直接抽了一下卡住球的轨道,"哐当"三根U形管坍塌了。

图1-3-5

■ 镜头二:小球滚起来啦

孩子们尝试重建轨道,他们将黄色的架子从高到低排成一排,然后将蓝色的U形管依次摆放在架子上,很快,一条短短的轨道便搭建成功了。随后,几个伙伴开始依

图1-3-6

解码游戏　循迹童心
支持幼儿生长的观察、解读与回应

次轮流将小球放在轨道上滚动,这次一排小球一个跟着一个往下滚动。孩子们开心地说:"哇,小球滚下来了!快点快点!"秋秋先是一下子滚了两个海洋球,两个海洋球全部滚了下来,他又拿了一个乒乓球放在最顶端,球以极快的速度滚下。秋秋兴奋地说:"乒乓球滚得好快。"接下来,秋秋不断尝试滚落不同的球,感受球下滑的不同速度。

教师的心声:首先,幼儿搭建架子的方式变了,从一开始随意排列架子到现在从高到低排列,他们尝试调整路径,试图让小球顺利滚落。其次,幼儿放小球的位置变化了,从随手一放到从最高处放小球,最终实现了小球的"自由落体"。他们在玩的过程中有了许多发现,比如几个球能够连续前进,乒乓球和海洋球滚下去的速度不一样,乒乓球的速度更快等。

图 1-3-7

■ 镜头三:小球能转弯吗?

孩子们玩得不够尽兴,又对轨道进行了调整。轨道从直的变成了有弯道的。轨道搭好以后,秋秋将小球放在轨道的起始点,小球在转弯处直接冲出了轨道掉到了地上。于是,秋秋将外侧的轨道往外挪了挪,可是小球依然冲出了轨道。到了第三次,他将球放在轨道上后,立马跑到转弯处然后用手将小球挡住,接着将小球放到直行管上继续滚动。豆丁见状,将转弯处的直行轨道又往外挪了一些。这次,秋秋放入的小球终于成功拐过转弯处轨道。可是,当豆丁放入小球时,小球又再次冲出了轨道。豆丁露出了惊讶的表情:"怎么回事?"

■ 镜头四:会拐弯的小球

孩子们一边不断地滚球,一边调整轨道。他们将转弯处的轨道直接靠在直行轨道上,并且将直行轨道调整,让坡度更陡了。孩子们开始测试,小球顺利过了转弯处,可是在直行轨道的第二连接处小球脱轨了。秋秋大叫:"哎呀,怎么又弹飞了?"于是,他将第二连接处稍稍抬高,又小心翼翼地将轨道对准前面的一根轨道,然而小球再次被弹飞了。秋秋没有放弃,继续和豆丁一起进行调整。这一次,小球终于没有再飞出去,不仅顺利地转弯了,也畅通无阻地落地了,秋秋和豆丁开心地跳起来:"哇,成功了!"

图 1-3-8

教师的心声:原来的直行轨道变成了有转弯的轨道,再进化为阶梯式的轨道,最后延展出有分叉路的轨道,在这个过程中幼儿看似在探索轨道,实际上他们只想解决一个问题——怎么让小球顺利地滚下去。可见,游戏是幼儿不断生成新想法,持续探索的原动力。

幼儿在每一次游戏中几乎都会遇到问题,但是,他们仍不减游戏的兴趣,他们会主动在问题中寻找"生机"。在充满"坎坷"的游戏中,教师需要看到幼儿积极、主动、有能力的学习者形象,以及一次又一次富有创意的智慧闪现。

> 💡 **思考与延展**
>
> 君君在用积木给小动物们造房子,他先将四块长方形积木竖起来当房梁,又在房梁上依次架起四块长积木,接着把动物玩偶一个个放进房子里,可是刚放了两个玩偶就放不下了。君君想了想,扩大了四个房梁之间的距离,可是他发现长木板不够长了,他又找来了几块相同长度的木板,但是怎么把它们稳稳地连接起来呢?他试了几次没成功,又将房子复原成了原来的样子。思考了一会儿,他去拿了四块长方形积木,在第一层的基础上用同样的方法搭建了第二层,他发现房子变"大"了,可以住更多小动物了。他乐此不疲地搭建了第三层、第四层、第五层,但是在请小动物入住的时候,又遇到了问题:小动物都从房子里"漏出来"了。君君围着房子转了一圈,开始在房梁中间加积木,他说要给房子造墙。
>
> 请问,结合案例,你看到了幼儿的哪些发展?

二、户外自主游戏与幼儿发展关系的多维诠释

(一)促进幼儿主动发展的路径

埃里克森在人格发展理论中提出:"幼儿期的主要发展任务就是培养幼儿的主动性。"幼儿的主动性是自身发展的一种内在驱动力,是幼儿主动探索的支撑,其他品质是在主动性的基础上发展起来的。

主动发展是指幼儿具有较强的自主发展意识、较高的自我成就动机,能够保持浓厚的兴趣,显现稳定的情绪,具备顽强的意志和完成目标的思维品质及学习能力。

户外自主游戏最大的魅力就是能让幼儿时时处于积极的状态,主动参与体验,主动

第一章 放手游戏——探求回归的生机

操作与探索，主动挑战与解决问题，主动建构经验等。户外自主游戏对促进幼儿主动发展起着积极的推动作用。

案例：越造越好玩的滑梯

年龄段：大班

游戏开始了，孩子们纷纷选好了自己的游戏场地和游戏材料。其中一组孩子吸引了教师的注意。只见他们仅用长椅和轮胎就建造了一家"滑梯"店。滑梯店一开张，就吸引了很多顾客来排队体验。

一位"小客人"刚站上滑梯顶端，两个滑梯便向两侧移动，急得小客人叫嚷起来："哎呀，滑梯坏啦。"一旁的"工作人员"小谈赶紧上前用手拉住滑梯，另一名"工作人员"可乐连忙搬来了轮胎，用轮胎抵在滑梯两侧加以固定。来体验滑梯的"客人"越来越多，排起了长队。滑梯店的"老板"小叶决定再增加一座滑梯，他和小伙伴们商量了一下，决定造一个不一样的滑梯。他们将长椅搭在单层的轮胎上，搭建了一座长长的滑梯和一座短短的滑梯，且都没有固定。刚开始，"小客人们"图新鲜都来玩，可过了一会儿新滑梯就无人问津了。

在交流分享的时候，小叶询问大家为什么不玩新滑梯，体验过的"小客人"表示："我都站不上滑梯的顶端，一踩上去轮胎就瘪下去了。""这个短短的滑梯太短了，还没滑就到底了。""轮胎太矮了，滑梯

图 1-3-9

平平的没法滑呀。"……接下来的日子,滑梯店的"老板"和"工作人员"开始不断地调整,如抬高滑梯的顶端并用轮胎固定,让滑梯有"坡度";叠加轮胎搭建滑梯,让滑梯有"高度";搭建不同坡面的滑梯,让滑梯有"速度"等。

图 1-3-10

教师的心声:幼儿主动在游戏中探索与尝试,从雏形搭建到情境融合,从最初探索关于"力的支撑"到"坡度""高度""速度"、滑行姿势与滑行速度的关系,再到后期测试影响滑梯速度的材料,这些游戏内容的变化与递进让幼儿在游戏中探究了物理知识与现象,让幼儿成为了学习与发展的主动者。

> 💡 **思考与延展**
>
> ◆ 请结合开展户外自主游戏的经历，重新审视、谈谈对"兴趣是最好的老师"这句话的理解。
>
> ◆ 什么是"终身学习"？为什么要"终身学习"？你认为幼儿主动发展与"终身学习"存在着怎样的关系？

（二）实现幼儿整体发展的载体

《幼儿园工作规程》中提出"游戏是对幼儿进行全面发展教育的重要形式"。《3—6岁儿童学习与发展指南》中提出"关注幼儿学习与发展的整体性，幼儿的发展是一个整体，要注重领域之间、目标之间的相互渗透和整合，促进幼儿身心全面协调发展"。

户外自主游戏可以在情感、心智、身体、认知、能力等多方面帮助幼儿，以下几点具体呈现了其对幼儿整体发展能起到推进作用。

1. 情感发展：保持身心愉悦，在交往的情境中体会情感，学会人际交往和处理冲突的方法，提高自信心，形成积极的情感态度。

2. 心智发展：乐于主动挑战，尝试自我启发，愿意自我激励，能主动克服困难，获得勇敢、坚强等品质。

3. 身体发展：有更多的机会享受户外阳光，锻炼大量动作，肢体更灵敏、协调，对身体的控制力更强，体质不断提升。

4. 认知发展：主动体验、发现、探索，获取更多的信息，加深对事物的认识与理解，丰富经验。

5. 能力发展：在积极探究和解决问题中掌握主动行动、自主学习的方法和能力，激发思维的变通性和创造性。

解码游戏　循迹童心
支持幼儿生长的观察、解读与回应

当然，户外自主游戏对幼儿全面发展的作用远不止以上这些，还需要我们坚持通过游戏深入挖掘。

案例：小床变形记

年龄段：中班

随着中班"我爱我家"主题的推进，幼儿户外游戏的内容与情节越来越丰富。最近，一场关于"小床"的探索引起了教师的注意与思考。

■ **镜头一：单人床**

妮妮邀请依依与晨晨一起游戏，他们想要搭一张小床。依依搬来了长长的积木，依次并排铺在地上。妮妮上前说："不对，床是有脚的。"在妮妮的指导下，依依先在两侧垫了两块长木板，然后将长木板依次平铺在"床脚"上，在铺木板期间不断调整两块垫板之间的距离，以检验平铺的木板是否足够牢固。

拼搭好整块床身后，依依躺了上去："这床怎么睡啊，太短了吧。"妮妮说："那我们再加长一点。"依依说："床脚都用完了，怎么加长呀？"晨晨提醒道："那就再加点'脚'吧。"依依拿起了长长的木板比画了一下："可是再加长就太长了。"晨晨把木板横了过来："这样就行了。"三个小伙伴很快就把床加长了。依依又躺了上去，开心地说："小床真的变长了！"妮妮和晨晨也轮流爬上了小床，他们高兴极了。

第一章　放手游戏——探求回归的生机　　**049**

图1-3-11

■ 镜头二：双层床

不一会儿，三个孩子就争执了起来。原来大家都想到床上玩，可是小床不够大，也不够牢固，容纳不了三个人。这时依依说："我们家的床有两层，我弟弟睡在上面，我睡在下面。"妮妮说："幼儿园的床也有两层，两个小朋友可以同时睡在上、下铺，我们来造一个双层床吧，这样就都可以睡床上啦。"这个意见得到了晨晨的支持。

三人先是选择了短圆柱形积木放在原小床的四个角上作为"柱子"，在"柱子"上架起了四根木板固定，然后搭建起了第二层"床面"，上铺就这样搭好了。妮妮兴冲冲地往"下铺"钻，可是犯了难："哎呀，下铺太小了，我都进不去啦。"孩子们开始了调整，将矮"柱子"改成了高"柱子"，在改变柱子高度的过程中，妮妮还频频调整，以确定自己能够钻进去。很快，双层床就竣工了。妮妮成功地钻进了下铺。晨晨要爬上上铺，他双手用力撑住木板，双脚刚刚离地时，小床就摇晃了起来，此时他有点犹豫地停了下来，随后又再次向上爬，一鼓作气爬到了上铺。他满足地在上铺一会儿起身，一会儿躺下来，小床剧烈地摇晃起来，他有点害怕地对老师说："老师，我害怕，你能抱我下来吗？"老师把他抱下了床。

图 1-3-12

■ 镜头三：装梯子

就在老师把晨晨抱下来的时候，一旁路过的小齐顺势想爬到上铺，可是摇晃的床让他踌躇不前，他想了想说："幼儿园里的床是有梯子的，我们需要一些梯子。"他们找来了竹梯，可是长长的竹梯一靠上床，床就倒塌了。孩子们愣住了片刻。妮妮直跺脚："小齐把梯子贴在小床上，它才会倒的。"小齐噘着嘴回应："不是，因为你们还没放好呢。"依依捡起了地上的积木说："没事，我们赶快再搭起来吧。"三个孩子开始了重建。

随着双层床的重建完成，妮妮再次将梯子轻轻地放在小床上，小床没有明显变化。妮妮尝试慢慢走上去，小床虽然摇晃了几下，但很快恢复了平稳。依依和晨晨也尝试爬上小床，他们站立在梯子上爬上小床，这时的小床摇晃得更厉害了。孩子们暂停了动作，等小床恢复平稳，再慢慢往上走，就这样走走停停，终于来到了上铺。他们从梯子上去，从另一侧跳下，摇晃的床岌岌可危。

这时，妮妮提出："我们还需要下去的楼梯，这样比较安全。"在依依的帮助下，他们将两个轮胎叠在了一起，又拿来了另一个轮胎紧贴着它们，变出了"轮胎楼梯"。只见孩子们从梯子爬上去、再从轮胎下来，玩得不亦乐乎。

第一章　放手游戏——探求回归的生机

图 1-3-13

教师的心声：幼儿在本次游戏中通过亲身体验、实践操作，获得了多方面的发展，如下表所示：

表 1-3-1　在游戏中幼儿的表现和发展

幼儿表现（举例）	幼儿发展	发展维度
①"加长"小床 ②搭建双层床	平铺、垒高、架空、分级式堆叠、盖顶等建构技巧	建构经验
①把对双层床的生活经验迁移到游戏中 ②把运动中对运动器械的经验迁移用到游戏里	经验迁移	
①当依依说床太短时，妮妮与晨晨商量将床"加长" ②依依提出从梯子上、从轮胎下的建议，其余两人同意	自我意识：愿意倾听并接纳同伴的建议	社会性发展
三人商量后决定建造双层床、增加梯子等	人际交往：通过商量、协商的办法与同伴沟通	
一人搬运材料、一人搭建、一人在观察后提出建议，根据游戏推进产生不同的分工	初步的分工合作意识	
三人在游戏时间内连续、自主地初建、再建、重建小床，不受外界因素影响	坚持性与专注性	学习品质
①床坍塌后重新搭建 ②通过与同伴讨论或向教师求助的方式解决问题	遇到困难不轻易放弃，尝试解决问题	

续表

幼儿表现（举例）	幼儿发展	发展维度
① 尝试用不同的积木加长小床 ② 运用不同的材料组合建构双层床的梯子	探索的意识	
共同建立并规定爬小床的路线	初步规则意识	
小床坍塌后一起寻找坍塌的原因	愿意与同伴讨论问题，表达自己的想法	语言表达能力
在"加长"小床时使用不同厚度的积木	感知量的关系：发现物体的粗细、薄厚、轻重方面的差别	数认知能力
从搭建单人床到搭建双层床，从搭建平面到搭建立体空间	感知形状与空间的关系：理解上下、里外的空间概念	

思考与延展

◆ 你认为自主游戏应该区分游戏的类型吗？

◆ 你认为在"玩安吉积木"的过程中需要添加辅助材料吗？如果不需要，你的理由是什么？如果需要，你会添加什么样的辅助材料？

◆ 你的班级中的孩子玩过"跷跷板"或者"造桥"游戏吗？请结合实践案例，谈谈在此类游戏中幼儿整体发展的可能性。

（三）满足幼儿差异发展的需要

每个幼儿都是独特的个体，有着独特的成长方式和关键期。《幼儿园教育指导纲要（试行）》中提出"要尊重幼儿在发展水平、能力、经验、学习方式等方面的个体差异，努力使每一名幼儿都能获得满足和成功"。这意味着，我们需要为不同的幼儿提供不同的成

第一章　放手游戏——探求回归的生机　053

长空间,提供更多元的学习方式,提供更个性化的支持。

户外自主游戏因其环境、材料、内容的高自由度,能提供更多契合幼儿个性化发展的机会和条件,让每一位幼儿能够:

基于原有特点发展;

立足最近发展区发展;

依循自身节律发展;

采用个性方式发展;

选择不同方向发展。

值得注意的是,户外自主游戏更具"自然"特质,与传统的教师针对幼儿个体差异提供支持而言,降低了教师对幼儿发展的无效干涉,减少了对幼儿身心发展和行为表现的"误读",教师的支持水平和支持手段的多样性提升了。户外自主游戏真正让幼儿在自主选择、自我决策、自行行动中获得个性化发展。

案例:"百尺高楼"背后的故事

年龄段:小班

■ 故事背景

这是肖肖,他平时用积木玩游戏时是这样的。

图 1-3-14

而班级其他孩子是这样的。

图 1-3-15

他,到底在想什么呢?

■ 场景一:突现"百尺高楼"

游戏中,肖肖专注且小心翼翼地将圆柱形积木一节一节垒高。交流分享时,在老师的邀请下,他介绍起了自己的游戏。

教师:"肖肖,你今天搭了什么呀?"

肖肖:"我搭了好高好高的楼。"

教师:"这个好高好高的楼有多高?有几层?"

图 1-3-16

肖肖:"有'百尺'那么高。"

教师:"'百尺'是什么意思?"

肖肖:"一个百尺那么高的楼。"

教师:"我们一起来帮肖肖数数一共有几个圆柱体。"

孩子们一起数起了积木的数量。

教师又问肖肖:"你是怎么想到造百尺高楼的?"

肖肖:"小朋友站在上面很危险,都不敢大声说话。"

教师:"为什么不敢大声说话呢?"

肖肖:"因为怕天上的神仙被吓到。"

一场不同频的分享让教师陷入了迷惑,她把今天发生的事和搭班老师进行分享,搭班教师的一句话引发了她的深思:"肖肖说的很像是李白的一首古诗《夜宿山寺》。"

■ 场景二:绝非偶然的"楼"

几天之后,教师又看到肖肖在进行游戏,这次他说他踩在水塘里了。

交流分享时,教师又一次邀请他来介绍。

教师问:"肖肖,你今天玩了什么呀?"

肖肖说:"有一个很矮的楼叫鹳雀楼,我用积木搭了楼梯,小朋友一步一步走上去。"

教师若有所思,肖肖似乎在用积木表现《登鹳雀楼》中的元素。

图 1-3-17

教师翻看了肖肖的游戏记录。发现肖肖清楚地记录了鹳雀楼的样子,甚至写下了古诗《登鹳雀楼》中的文字。

解码游戏　循迹童心
支持幼儿生长的观察、解读与回应

> 教师的心声：教师时常会陷入"幼儿和幼儿为什么不同频""幼儿和教师为什么不同频"的困顿中。甚至在有的教师看来，"不同频"的幼儿似乎总有些"格格不入"，"特立独行"的幼儿还可能被贴上"特殊儿童"的标签。那是因为在教师的心里总有一杆秤、一把尺、一幅"幼儿样板图"。然而户外自主游戏恰恰能打破这样的观念，让我们看到"不同频"背后幼儿不拘一格的形象，它呈现出每个幼儿不同的兴趣爱好、经验状况、学习方式、思维特点、发展需要等。幼儿在游戏中呈现的每一个动作、每一句语言、每一种表情、每一幅画面都是他们释放的成长讯号，而教师需要做的是让自己与每一位幼儿"同频共振"。

💡 思考与延展

◆ 请围绕德国心理学家安格利卡·法斯提出的"孩子自愿做的、给自己带来乐趣的事情，实际上可能是提前发出的他们有这方面天赋的信号"。说说你对"游戏可以帮助教师发现每一个孩子的天赋"的理解。

◆ 请结合实践案例，谈谈你是如何看待户外自主游戏对比较特别的幼儿的影响与作用的？（此处比较特别的幼儿指表现出不合群行为或某一方面发育迟缓，抑或是心理、生理上有障碍的儿童）

2

第二章
学会观察
探找破局的基点

本章将聚焦一线教师在游戏观察中存在的问题，深入剖析原因，重新审视观察在游戏中的价值定位，为教师明确观察方向提供一些思路与方法。

第一节　户外自主游戏中
教师观察支持儿童专业素养调研现状

一、调研背景

有效观察幼儿行为是了解和促进幼儿发展的基本前提,也是幼儿园教师必备的专业素养。为了解教师在儿童行为观察与支持领域的专业现状及发展需求,探寻提升教师专业素养的成长路径,2022年,上海市宝山区以区域内百余所幼儿园教师(包括我区"推广安吉游戏"项目实验园教师)作为调查对象,通过问卷调查、实地观察、现场访谈以及文本分析等形式开展调研,努力"循依据,找症结",力求突破教师专业发展瓶颈。其中调查问卷的发放对象覆盖全区各级各类公办及民办幼儿园全体教师,共回收有效问卷1909份;在实地观察中,随机抽取了7所幼儿园,现场观察了57位教师的户外自主游戏现场开展情况;结合访谈提纲随机抽取了8所幼儿园中共21名不同层级的教师(职初教师、经验型教师、骨干教师)进行个别访谈;抽取了区域内8所幼儿园教师撰写的游戏观察记录表630篇、游戏案例30篇进行文本分析。

二、现状分析

经过为期一年的调研及资料梳理,关于宝山区幼儿教师在户外自主游戏中观察支持儿童专业素养的调查研究表明，教师非常肯定在户外自主游戏中观察与支持儿童的必要性与重要性，并对以下四方面有着共同的观点。

（一）了解观察目的

教师认为观察的目的是了解幼儿与环境、材料、同伴的互动情况，看到幼儿在游戏中发现问题与解决问题的能力、幼儿的情绪情感、游戏内容玩法等，借助观察理解与支持幼儿。

（二）认同角色定位

教师在户外自主游戏中观察支持儿童的专业意识普遍较强，表现为不同教龄的教师在户外自主游戏中有主动的游戏观察意识与行为，认同自身作为"观察者"与"支持者"的角色定位。

（三）运用观察方法

在游戏观察的过程中，教师能运用手机、表格、摄像机等工具，通过定人、定点、扫描式的观察方式，对幼儿的游戏进行观察。

（四）具有观察意识

教师对儿童在自主游戏中的行为观察与跟进支持的水平较高，特别是在倾听方面表现出明显的优势，能基于观察分析进行教育支持，愿意耐心倾听、提供鼓励支持及非语言支持等。

虽然教师在教育观念上对户外自主游戏比较认同，但在实践中仍表现出许多不足，这里主要列举教师在游戏现场观察中存在的几个问题：

1. 从自身角度出发干预、介入幼儿的游戏

调研发现，在户外自主游戏的实践中部分教师存在以语言或行动的方式过多干预幼儿游戏的情况。在被现场观察的57位老师中，超过半数的教师会主动或被动地介入幼儿的游戏。案例文本分析中也常出现教师对如何介入幼儿游戏的反思内容。而在对教师现场访谈时，当访谈者谈及"自主性游戏中观察支持的困惑"这一开放类问题时，访

第二章　学会观察——探找破局的基点

谈对象的回答中也常出现"是否介入、何时介入"等高频词。可见，教师普遍对"介入行为"这一话题表现出了较高的不确定性。

2. 不同层级教师在观察识别行为上存在差异性

不同层级教师在户外自主游戏中的观察解读能力具有差异性。骨干教师，一般具备观察能力，能够耐心观察，不干预幼儿的活动，且有一定的分析解读能力。经验型教师会结合幼儿的已有经验、相关理论，对幼儿游戏中的合作交流、语言表达、情感体验、动作发展、认知经验、想象表现进行解读，但对行为的解读与识别深度不足，存在分析流于表面的现象，较少对幼儿游戏行为作出深层次解读。新教师则仍不清楚如何准确解读幼儿的行为，缺乏经验。

从调研结果来看，教师对"幼儿在前，教师在后"的教师角色定位已耳熟能详，普遍觉得"放手游戏"这一步似乎相对容易做到。但我们也要辩证思考：有了观察意识、观察方法，而在面对游戏实践时，教师为何还是出现较多的问题与困惑呢？甚至有时为了观察而观察，造成游戏观察的低效、无效……

> 💡 **思考与延展**
>
> ◆ 你认为自主游戏中对幼儿进行观察的意义是什么？
>
> ◆ 自主游戏中，你常用的观察方法有哪些？
>
> ◆ 你认为自己日常的观察有效吗？高效吗？请结合实践经验，做自我分析。
>
> ◆ 你认为影响观察成效的因素主要有哪些？

第二节　为何观察？
——对"观察"的再审视

观察：观察中的"观"是以视觉为主，融其他感觉于一体的综合感知，而"察"则带有细察、省察的意味，包含积极的思维活动。在观察的过程中不仅仅要看到事物的发生、发展，而且需要思考背后的原因与发展的走向。

"观为看，察为思"，观察是教师走近幼儿、了解幼儿的重要途径。《幼儿园保育教育质量评估指南》(下简称《评估指南》)第 27 条"考察要点"中指出：认真观察幼儿在各类活动中的行为表现并做必要记录。根据一段时间的持续观察，教师应对幼儿的发展情况和需要做出客观全面的分析，提供有针对性的支持，不急于介入或干扰幼儿的活动。

一、场景诊断

虽然《评估指南》提到了观察的具体要求，但很多时候，我们会看到或听到这样的——

场景一:"他怎么还没有发现这个问题的原因呢?我得引导他一下,让他这样做,不然我想要的案例素材就没有了。"

场景二:"我一直想要捕捉某个幼儿的精彩瞬间,只有看见幼儿出现了一个了不起的行为时,我才赶紧将这个'哇'时刻拍下来。"

二、问题剖析

(一)带着功利心去观察

部分教师的"责任心"很强,总想着怎么写好游戏案例,认为自己应当在幼儿游戏中教会幼儿些什么,或者帮助幼儿丰富拓展游戏情节。于是我们就看到一些教师的案例中呈现出的幼儿对话和行为并不那么真实,甚至有让幼儿摆拍以丰富案例素材的情况。幼儿本应亲自体验游戏并从中获得经验,然而部分教师的不当介入反而影响了幼儿的学习过程,因此教师自然就无法观察到幼儿获得直接经验的过程了。

(二)重视结果而轻过程

为了完成一篇高水平案例,教师可能会在观察中抱有投机心理——在简单观察全体幼儿的活动后,迅速锁定可能有"精彩"发生的个别幼儿进行深入观察。这类教师希望能发现自己所期待的行为,如果无法从该幼儿身上发现"闪光点",则立即更换观察对象,对幼儿行为的观察转换频率较高。如果教师太看重幼儿行为的结果而缺少对过程的观察,往往会错过很多幼儿发展的重要时刻。

三、解决策略

(一)追随幼儿,转变"三观"

首先,我们要明确的是,教师"放手游戏"不是放弃观察幼儿游戏或不再了解幼儿的自主学习情况和发展状态,而是放弃对幼儿的种种限制和控制,不再以自己的主观意图打扰幼儿的游戏过程,这种"放手"正是陶行知先生提出的"解放儿童"。

维果茨基认为"在游戏中儿童自己创造了最近发展区",即幼儿在游戏中往往不满足于日常生活中的水平,而是以略高于日常水平的行为来进行游戏,幼儿是在小步递进地自我发展。游戏是幼儿主导的活动,即使教师不介入,幼儿的游戏水平也会越来越高。

因此,就儿童观而言,教师需要摒弃对幼儿游戏的不当介入,"相信儿童有主动学习的能力",尝试管住自己,不去过度干预幼儿在游戏中的自主行为。只有放手,才能发现幼儿的这种潜力和能力。

案例:意外诞生的"枢纽站"

在一次户外自主游戏中,教师发现游戏的材料不够,仅有几块木板、梯子以及一个竹架子。当教师以为材料不够孩子们没办法玩游戏的时候,孩子们的游戏行为却大大出乎了老师的意料。只见一名女孩喊来了同伴,两人一起将竹架子生拉硬拖地移到了假山旁的草地上。在搬运过程中,教师发现原来她们想开辟一条新道路:通过木板来连接竹架子和假山!在这过程中,她们发现木板的长短、竹梯摆放的位置都会影响"道路"的成功与否。经过不断地尝试、调整,"道路"建设终于初见成效。其他孩子觉得新鲜,也都跑过来跃跃欲试。女孩见她的行为引来了朋友的加入,便又开始琢磨起来怎么样更好玩……后来,她搬来了更多的竹梯、木板,与竹架子进行组合,玩法越来越多。最终竹架子不再是单一的攀爬工具,而是成为了"四通八达"的"枢纽站"。虽然游戏刚开始时材料不足,但是只要借助想象与创设,孩子们就可以创造无限玩法。

第二章　学会观察——探找破局的基点

就课程观而言,如何体现课程整合观念,将儿童经验与课程建立联系呢?当教师意识到自己在儿童游戏中的主要作用是"发现儿童如何游戏",而不是"指导儿童如何游戏"时,教师就会很用心地观察,用视频和照片客观地记录幼儿游戏的过程。教师能够从一个阶段的视频和照片中发现不同游戏中有相同领域的经验,同一个游戏也可涉及多个领域的经验,在长周期的观察中还会发现幼儿某种游戏行为如何日益复杂化并向高水平延伸。因此,课程的领域整合在幼儿游戏中是自然生发的。

就游戏而言,教学可发生在三个时段,游戏前(游戏环境的创设和调整、将教学的目标渗透其中)、游戏中(最低程度的介入、支持游戏中儿童正在发生的学习)、游戏后(与儿童一起讨论游戏中发生的问题),这都是教师在观察、分析、理解幼儿游戏行为的基础上对幼儿学习的回应,这便是教育观所体现出的有目的、有意识的教学行为。

(二) 从"功利心"转向"好奇心"

试着转变一下对待幼儿游戏的思路,从寻找"幼儿还不会怎么做""我想让幼儿如何游戏"转变为发现幼儿的"已经能",了解幼儿"还会怎样做"。对教师来说,只需要带着对幼儿游戏行为的好奇心和兴趣去看幼儿怎样游戏,了解幼儿如何游戏,就可以进一步探究"幼儿为什么是这样游戏的",这时就需要分析幼儿的具体行为。

(三) 从"哇"时刻转向"静"时刻

游戏中幼儿的兴趣需要,是他们在游戏中的兴致所向,也可能预示着游戏发展的方向。在美国心理学家杜威看来,兴趣分两种:一种是外在的兴趣,是由感官刺激所引发的短暂兴趣;另一种是内在的兴趣,是幼儿与活动密切关联的、与同伴没有距离的状态。外在兴趣往往体现为更容易被教师看到的"哇"时刻——激动的情绪、欢愉的气氛或者幼儿让人眼前一亮的言行。内在兴趣是需要捕捉的重要"踪迹",更多时候体现为隐而不显的"静"时刻,体现出幼儿与活动的密切关联。教师不光要观察幼儿外在的言语、表情或行为,还要善于洞察幼儿内心的情绪、心理变化等,所以这就需要教师心眼并用,用眼睛观察、发现,用心体会,才能真正了解幼儿的真实想法和感受。

例如，当一个男孩用螺母材料搭建了一辆小车，然后把小车一遍遍地从斜坡上推下来时，细心的老师可能会从幼儿的表情与动作中发现他每次推动小车的力道与方向都不同，从而认识到男孩正在重复中深入体验着斜坡与小车滚动速度的关系。

当教师把游戏观察的重心由"哇"时刻转向"静"时刻，就不会一味地等待着"惊喜"时刻的到来，而是会在幼儿常规行为中耐心、主动地捕捉细节，通过隐秘而重要的"踪迹"读懂幼儿独特的内心世界及其变化轨迹，找到支持、帮助、指导幼儿学习与发展的依据。

💡 思考与延展

成人和儿童之间，需要建立平等、开放、民主、自由、真诚的双向关系。这意味着放下权威，忘却成人身份，和儿童一起参与、一起探索、认真倾听儿童，向儿童学习。请尝试结合杜威所说的"关于同情的好奇心，不偏不倚的敏感性和坦率的胸怀，我们可以说，成人应该像儿童一样生长"，谈谈你对这句话的理解以及今后准备怎样做。

第三节 观察什么？
——锚定观察方向

游戏中的"踪迹"是展现幼儿"最近发展区"的窗口，它是游戏延伸出的自然生发点。教师要善于在游戏中捕捉幼儿的表情、眼神以及动作瞬时、细微的变化，还要关注游戏材料、游戏时间、游戏内容、游戏中的同伴交往等。游戏内容是幼儿基于自身生活经验对周围现实生活创造性的反映，材料选择与使用反映了幼儿的思维水平与想象力，伙伴间的交流互动则体现了幼儿语言表达和问题协商的能力……如果教师在现场观察时注意范围有限，还可以借助技术手段（视频、照片等）细读游戏，发现更多"踪迹"。

一、场景描述

场景一："班级里孩子那么多，我无法关注到每个孩子，观察变得非常盲目，不知道该看什么，这导致我的观察信息总是凌乱无序的。"

场景二："当我看到某个孩子在游戏中的行为时，以我的经验来判断，我认为他的行为动机应该是这样的……"

场景三："我能够学着放手观察游戏，但不清楚是否需要介入、何时介入，以及怎样判断教师的介入行为是'有为'还是'无为'？"

二、问题诊断

(一) 观察目的不明确

许多教师认为观察游戏时要面面俱到,确保观察到每个幼儿。出于这种认知,教师最初往往是无目的地观察和被动观察,当有观察意识时,又常常"为观察而观察"。从幼儿行为的观察时间上来说,一些教师倾向于1—3分钟以内的短时间、低频次儿童行为观察记录,极少出现5分钟以上的长时间、持续性的儿童行为观察记录。对于年轻教师而言,由于观察目的随意,缺乏对幼儿有意义行为的客观描述以及细节和关键信息,其观察记录很难体现幼儿在认知、情感、学习品质等方面的发展。

(二) 以经验作出主观评价

教师的主观评价主要体现在两方面:一是观察后的直接感受,根据经验给幼儿的游戏下定义,主观判断这就是观察到的有效信息;二是在观察幼儿自主游戏的过程时,不擅长对幼儿游戏表现进行文字记录,记录中经常会出现"愉快""积极"等主观性较强的词语,有时甚至会在游戏记录中对幼儿的游戏表现、情绪状态等作出直接判断。这样的游戏观察记录虽然看似能够生动反映幼儿的游戏表现,却显得过于主观,不仅不符合游戏观察的目的,也很难帮助教师真实回顾幼儿的游戏表现。如果完全按照教师的主观视角来进行评价与分析,即便教师的逻辑分析能力较强,也很难对幼儿的兴趣爱好等信息作出客观、准确判断。

(三) 纠结在"介入"与"不介入"之间

每位教师在游戏实践初期都会遇上"介入与否"这个问题,说明这是教师们在真实实践中的困惑,同时也说明教师在反思自己的教育行为时会出现矛盾与纠结。教师们之所以会纠结是因为发现了"教师越放手,幼儿越能干"的事实,即教师不介入,幼儿也会玩出自己的创意,会自己想办法解决问题。"最大程度的放手,最低程度的介入"就成了教师对待幼儿游戏行动的原则。但即使是"最低程度的介入",也有关于介入时机的问题,介入时机是什么？介入的"度"又在哪里呢？于是,"介入"还是"不介入"成了一线教师们的难题。

三、解决策略

（一）观察目的从随意到有意

教师对幼儿游戏行为的观察主要包括两种：一种是非正式观察,一种是正式观察；非正式观察,也被称为非结构观察、无准备观察、无计划观察或者随机观察,不需要事先计划,也不需要确定观察目的和目标,有时甚至连事先观察谁都不确定,而一旦有观察对象,就会开始观察记录,并将观察对象的详细信息写清楚,以便进行后续的解读、建议和进一步跟进。正式观察则要求事先设定好幼儿各种行为的发展水平指标,持续开展针对性的观察。因此,教师可以根据观察目的做好计划,在观察前做好相关的准备,如确定观察目标和内容,即确定目标幼儿(有目的地观察某一个幼儿),或确定目标行为(有目的地观察某一方面的行为),特别是准备一些简易但逻辑性强、结构化的观察表格,以便确保观察信息的真实性、便捷性和客观性,如将时间、地点、对象、材料、过程以及记录方法等一一列入计划内,做好详实的安排与计划。从研究的角度来说,有目的性的观察主要是"接收信息——判断分析——接收信息"的循环往复过程。

（二）从一次性观察到连续性观察

从促进幼儿学习和发展的角度看,幼儿行为观察的目的主要是评价幼儿当前的发展水平,了解环境和材料是否能满足幼儿的学习需求,检验教师提供的支持能否有效促进幼儿的学习。显然,这些目标仅靠一次观察往往难以达成。

有时,解释幼儿某个偶发的行为需要教师收集其他信息,甚至要结合以前和今后的行为进行比较,才能有较为准确的判断。幼儿行为观察是一种对观察对象进行持续关注的活动,应在不同时间或场合对目标行为进行反复观察,以收集更全面的数据和资料。要真正解读幼儿,需要持续地、多次地观察,而不是随机、无目的、偶尔观察。教师坚持撰写游戏、跟踪日志也有利于持续性观察,捕捉幼儿的相关信息。

1. 游戏日志

将幼儿游戏过程中的每一个环节定期进行记录,主要记录幼儿游戏过程中的行为、语言等。对这些内容的记录和分析有助于教师了解幼儿的游戏行为,幼儿的兴趣爱好和个性等。

2. 个案跟踪日志

选定一个幼儿,然后对这个幼儿进行实时观察,在观察的过程中找到幼儿对游戏的兴趣点,然后从幼儿的兴趣点入手,对幼儿的户外自主游戏进行观察解读。

3. 材料跟踪日志

通过幼儿对某一个或某一区域中的材料使用频率及情况的观察和记录,了解幼儿的游戏兴趣、使用材料时的喜好、游戏行为产生的原因、发展的过程、幼儿游戏水平等重要信息。这对后期分析解读是非常重要的。

(三)从主观判断到客观分析

幼儿在游戏活动中的行为表现,往往由带班教师来进行分析。尽管分析解读时无可避免地会掺杂教师的已有认识,但在分析前,教师还是要提醒自己放平心态,摒弃评判的思想,放下自己对幼儿的刻板印象,实事求是地从观察记录中梳理出有价值的信息,对幼儿的言行做出尽可能准确、客观、全面的解读。

案例:"门"背后的孩子

在中班积木区,教师连续几天看到了一个神情忧郁的男孩,他或抱着积木坐在一旁,或独自躺在积木长板上,表现出闷闷不乐的模样,和一旁快乐游戏的孩子们形成了鲜明的对比。男孩的行为举动引起了教师的好奇。经观察了解，这名幼儿想搭建一个饭店，但连续搭建了两天，饭店门框都以倒塌而告终，因此他表现出这样的情绪。教师对这个男孩开展连续性追踪，深入观察与分析他在进行的游戏，想通过提供材料、同伴支持等方法帮助男孩化解心结。但通过观察后的复盘，教师却改变了"门始终搭不成功导致男孩伤心"的看法，发现了原来是因为同伴误把门推倒才让男孩难过。教师原本打算根据主观判断来帮助男孩了解"如何将门搭得又稳又好"时，却发现男孩并不缺乏搭建技巧。因此，分析解读游戏行为时应注意尽量客观。

（四）从反复纠结到自我反思

在不同的情境中，教师需要一个判断的依据以确定介入时机，如面对"游戏中出现挑战"这类话题时，有的教师认为某游戏可能存在不安全的因素，而对幼儿来说可能却是适宜的挑战。两种不同观点的出现，一方面是因为对危险的心理接受程度不同；另一方面是因为不同能力水平的幼儿所能应对的挑战程度也不同。有的幼儿天生爱挑战，不惧困难，想要尝试；有的幼儿生性保守，不敢轻易尝试。

当纠结于某个时机该不该介入时，教师可以根据当时情境选择介入或者不介入。"该不该介入？"这个问题本身并没有对错，关键是教师应当对介入与不介入两种情况下的幼儿游戏行为结果做反思及研讨，在反思性实践中加深对幼儿游戏行为的理解，丰富自身的经验。

案例：面对安全隐患，我该不该介入？

年龄段：大班

在一天的游戏活动中，一位幼儿在螺母积木区搭建"东方明珠"，为了方便调整作品的形状，他故意将螺丝拧松。教师发现该作品随时有倒塌的风险。教师在幼儿的游戏过程中几度犹豫是否需要上前提醒。经过纠结、反复辩证思考后，教师认为应给予幼儿更多自己发现问题、思考、解决问题的机会，因此决定不介入。第二天，教师看到安全隐患在扩大，便马上进行提醒，但幼儿们却没有反应。教师并不强行干预，选择靠近游戏场地，为可能发生的安全问题提前做好准备。当作品真的发生坍塌时，教师及时提醒并帮忙挽扶，在没有中断幼儿游戏的基础上避免了安全事故的发生。在那天的游戏后，教师通过集体分享交流引导幼儿有意识地关注安全问题，提升安全意识。教师感悟到在游戏中要智慧面对安全问题，提升安全意识。

💡 思考与延展

◆ 请结合实践案例，谈谈如何理解与践行"观察不是技术，本身就是教育"。

◆ 请教师尝试借助观察，收集关于幼儿活动状况的信息，了解幼儿的行为意图、兴趣和需要，对幼儿各领域发展状况、能力的强项与弱项以及学习的进程进行分析;并尝试运用分析得出的结论,站在幼儿的立场,判断自身教育行为的有效性,在此基础上提出调整措施或策略;最后通过再次观察幼儿行为表现来判断和验证措施是否取得预期效果。

第四节　如何观察？
——提升观察力

　　教师在观察时不仅需要看到事情的发生、发展，而且需要思考事情发生背后的原因与发展的走向。对于教师来说，观察的难点并不在于描述幼儿的行为过程，而在于根据游戏中幼儿的兴趣需要以及对周围事物的关注点来分析幼儿游戏行为背后的发展水平、动机、行为表现的意义等。

一、场景描述

　　场景一："幼儿游戏时，我一直注意观察幼儿，也会使用观察工具记录，却很少发现有用的信息。"

　　场景二："作为一名年轻教师，我既要观察识别又要记录，很难兼顾。有时前面一个行为还没有记录好，新的行为又出现了，观察总是不够深入。"

二、问题诊断

（一）认为做到观察记录等同于专业观察

　　部分教师认为在游戏中能够使用观察工具进行记录，就等同于能够进行专业观察。

不可否认,观察记录是将信息进行书面表达和呈现的重要方式,在一定意义上,观察记录也可以作为观察的一个凭证,但它不能作为评判教师是否"具有专业观察能力"的唯一标准。"观察意识"不仅仅是"观",更体现在有思考的"察"。教师要思考的是会用观察工具、知道使用方法后,如何真正发挥观察的作用与效能?基于观察发现了什么,以及对问题的反思和解决是否支持了教师的后续思考,教师是否从"很少发现有用的信息"到"敏锐地捕捉到关键信息"。因此,从"观察"到"专业观察",教师需要不断地修炼"专业内功"。

(二) 缺乏明确的理论视角

当前教师的观察普遍面临价值取向缺失,目标框架模糊,观察情境缺失,观察方法失当,结果阐释不足与运用缺位等问题。根据"观察渗透理论",出现这种问题的原因就在于教师缺乏明确的理论视角,缺乏理论导向的教师就经常不知道应观察什么。教师经常偏向于罗列教育事实,而没有依据一定的教育理论和假设来对观察事实做出分类和解释。

(三) 缺乏一定的观察经验

一方面,新教师普遍缺乏实践观察经验,在面对众多观察方法与工具时,更是毫无头绪。为了按时完成任务,教师的观察记录则倾向于"流水账"式的,观察结果经常停留在描述水平,这样的情况屡见不鲜。另一方面,新教师的经验不足,对幼儿游戏表现的认知也存在一定不足。因此在游戏观察后,教师无法完成对幼儿性格特征、游戏水平等信息的判断。

三、解决策略

(一) 丰富理论——从盲目到深化

教师对幼儿的观察应以专业知识为支撑。熟练掌握专业知识,教师才有可能整合出有关儿童发展的"知识地图",其所观察到的儿童行为才有可能在这个"知识地图"上找到坐标。作为一名专业的幼儿园教师,要做好对幼儿游戏的科学观察,一方面,我们需要对《幼儿园教育指导纲要》《3—6岁儿童学习与发展指南》等纲领性文件进行系统学习和掌握,对儿童发展心理学与幼儿游戏理论等进行系统学习;另一方面,需要根据幼儿游戏的种类、内容等把握观察的要点。

教师的观察应体现理论先行、理论伴随和理论解释的特点,将理论渗透在观察准备、观察实施、观察结果分析与应用的各个环节,由此促进教师观察能力的发展。

以学习品质理论为例:

熟悉学习品质理论,以此引领观察的价值取向与结构框架。

运用学习品质理论,设计适宜观察儿童学习品质的活动情境与方式方法。

联系学习品质理论,分析儿童的学习品质表现,并据此改善教育实践。

只有在理论指导下,幼儿园教师的观察才不会是漫无目的式的"流水账",而是通过理论验证的有目的地选择后的内容或事件。

不过,虽然理论知识的学习固然重要,但提高知识地图层次的清晰度、范围的广阔度以及提取的准确度也离不开教师的不断学习与反思。因此,教师要通过不断学习,巩固自己已有的专业知识;通过不断反思,将专业知识转化为适当的教育行为;只有通过学习与反思的持续交互作用,教师的专业知识才能得以深化,观察能力才会逐步提高。

(二)观思并行——从理论到实践

幼儿行为观察的专业观察不等同于写"观察记录",教师往往容易将重点放在如何客观记录幼儿的行为,而忽略了识别和解读幼儿的行为。观察能力培养的核心,是将观察视为一项需要观、思、行三方面结合的综合能力和一种需要将理论、经验、实践结合的复杂行为。客观记录并不是观察的最终目的,在观察的基础上形成实践证明有效的教育决策才是观察的目的。

事实上,若要论观察的"客观性",照相机、录音笔和摄像机比文字描述更能真实、客观地还原活动现场和过程。所以我们应更多地思考"我该关注谁""关注什么行为"以及"为什么这个行为值得记录",同时关注幼儿兴趣和爱好、个性品质、各个领域的发展状况、应对困难的态度和解决问题的方法,以及正在获得的经验和学习发展等内容。因为,只有对所感知的信息作出这些基本的判断,我们才有可能将相关行为信息抽取出来并进行记录,这样的信息才有进一步分析的价值。有了良好的观察意识,教师才会对幼儿的行为表现更敏感,也更愿意用观察这一专业工具来发现问题,其观察能力便自然能获得提升。以下罗列了一些问题支架,供教师进行科学观察:

1. **观察判断支架**

我看到了什么?

幼儿在做什么?

2. **价值判断支架**

幼儿的情绪体验是怎样的?(积极还是消极)

幼儿的兴趣是什么?兴趣是否稳定?

幼儿的行为动机是什么?

哪些表现反映的是幼儿的已有经验?

学习发生了吗?学习在哪里发生了?

幼儿的已有经验与当前问题情境的冲突是什么?幼儿做了哪些尝试?

这些尝试反映了幼儿怎样的假设?

同伴之间是如何协作的?幼儿以什么方式、技巧与他人交往、合作?

……

(三)循序渐进——从"被动观察"到"主动观察"

对年轻教师而言,进行专业观察还存在一定的困难。尤其是在进行即时性记录时,教师需要快速识别幼儿当下的行为,准确描述幼儿的动作和表情,高度集中与合理分配注意力。此时，我们可以试着循序渐进，分步提升：

1. 初级版：从"拍视频"开始做起，养成好习惯

用手机拍摄一些自己认为值得记录的瞬间，然后说出这一事件的大致经过及记录的动机。比如，有的教师可能会说："我很惊讶地看到小班的孩子居然能够自己爬上那么高的屋顶，还能尝试和同伴一起保护垫子。这与我之前对这个年龄段幼儿游戏的发展水平、交往能力的认识不太一样。"

2. 升级版："讲故事"，激发内驱力

"讲故事"让观察与日常保教工作无缝对接，增强了教师观察的动机和愿望，让教师不知不觉开启读人识己之门。一边讲、一边听，教师们的眼睛开始追随孩子了；一边讲、一边听，教师们的心底越来越柔软了。大家从中发现了生命的美好、童心的纯真，从而更愿意去探究童年的秘密，进而享受幼师职业的幸福。

3. 进阶版："图文结合"，记录文本化

教师可以在口头描述的基础上，用图文结合的方式将刚才描述过的事件记录下来，使其他人通过文本信息，能大致了解事件的经过和结果。

（四）整合资料——从"自我观察"到"团队观察"

观察能力的提升，不仅需要自身做出不断努力，也需要外部加以引领与示范。园本教研就可以帮助有效提升教师专业发展能力。在集体诊断研讨的过程中，教师可以将关于观察的困惑大胆提出，通过小组讨论、合作探究等方式共同探究。教师们在交流时，通过对比自己与他人的观察记录，能够了解哪些是有效信息。教师的一些下意识行为经其他观摩者分析，也会变得更为清晰。分析哪些观察信息是有效的，观察的站位是否适宜，对于教师调整与巩固自我行为有推进作用。

第二章　学会观察——探找破局的基点

案例：瞄准，进洞！

■ 场景一：推球进洞

玩积木啦！誉兴搬来了一些方块积木和一些圆形积木。他先用一些方块积木拼搭了一个长方形轨道，在轨道的一端设置了一个凹槽。然后他把圆形积木沿着轨道轻轻一推，积木就掉进了凹槽里。他发现只要将能够滚动的圆形积木瞄准就可以使它直线进洞，不过要手动"推球"。看到"球"进洞了，他兴奋地欢呼起来。他继续把轨道延长，想增加些难度，"球"又进洞了。

玩了一会儿，他有了新想法，于是架起了一些梯子和木板。教师原以为他会利用斜坡，让圆积木冲刺滚动，可他却没有这样做。只见他攀爬过搭好的小路，自己顺着斜坡滑了下来，并把圆形积木放在轨道上推动前进。就这样玩了几次后，他停留在梯子上，把圆形积木放在了斜坡上，想要瞄准洞口。可他一放手，圆形积木就一下子冲出了木板，偏离了目标。

在交流分享中，教师问："为什么圆形积木不能顺着斜坡往下滚？"

有的孩子说："圆形积木的速度太快了。"

有的孩子说："没有控制好方向，所以偏离了轨道。"

还有的孩子说："木板太斜了。"

教师又问："木板太斜了是什么意思？"

孩子答："木板放在了梯子的最上面，感觉木板太陡了。"

教师的心声：虽然幼儿的表述不能直观说明滚落速度与坡道角度的关系，但是他们已经有了坡道角度越大，物体滚动速度越快越不稳的潜在经验，同时意识到控制物体滚落的方向也可能会影响目标的偏离。教师发现幼儿初步知道事物会因为不同因素和条件产生不一样的结果。

■ 场景二：自动进球了，可轨道倒了

誉兴又来玩滚球游戏了。这次他不断地调整梯子与木板之间的位置，把木板放低，构建了一个适度的斜坡。他发现每降低一次木板的坡度，圆形积木的速度会更好控制一些。有几次他能成功把圆形积木滚进洞。相隔一定距离并有坡度的轨道增加了挑战的难度，他玩得乐此不疲。不过新的问题出现了：滚动的圆形积木速度太快，经常把"轨道"打乱。每次打乱后，他都要重新把"轨道"摆正，再重新开始。他跑去找老师，提出了自己的问题："我不明白为什么轨道每次都会被撞倒，我都重新搭好多次了。"教师将问题又抛了回去："那你想过什么办法让轨道不倒吗？"誉兴并没有回答，也没有再追问，只是若有所思地回到了游戏中，之后他搬来了更多的积木对"轨道"进行了加固，轨道终于稳住了。

教师的心声：学习是在游戏中萌生的，学习在游戏过程中发生。一次次的试误之后才会链接新的生长点。

■ 场景三：多米诺骨"球"

誉兴的滚球游戏再一次升级。他在轨道里放了一些排好的方块积木。游戏规则就是打倒目标即算赢，类似保龄球的玩法。由于方块积木挨得紧紧的,每次幼儿就算击中,积木也仅是轻微晃动,很难推倒。他很快进行了调整:把积木按一定间隔重新排列,就像多米诺骨牌。这样伴随着每次击中,积木都会一个个向前倒,发出撞击声。

教师的心声:放在一起的积木受到外力时丝毫不动摇,而分散摆放时,力的作用效果则很明显。这不仅涉及了"力的分散"这一知识点,还说明了两个不直接接触的物体之间也可能产生力的作用,且力的作用是相互的。虽然幼儿不能说出这些专业语汇,但是他的行为表明他对这些已经有了基本的理解。

在这个案例中,"从推动物体进洞到物体滚进洞""从平地高尔夫到斜坡高尔夫""从保龄球到多米诺骨牌",我们可以看到幼儿探索"力对物体的作用"的积极行动;看到幼儿探究影响加速度的因素和控制方向的过程;看到幼儿明白了很多原理。在这个过程中,教师要做好观察记录中相关视角的解读。

1. "观、察"幼儿经验生长点

首先教师要立足于"儿童经验连续体",识别游戏的"经验生长点",充分发挥幼儿的主动性,并在适宜的时候给予支持和引导,总结幼儿的学习经验,继续衍生更多的游戏内容。

幼儿生成的问题呈现即经验生长点:

(1) 坡道角度与击倒目标物的关系。

(2) 轨道如何更牢固。

(3) 目标物集中放还是分开放。

其次教师应做到，客观完整地进行记录并寻找游戏的生长点。接着，分析生长点蕴含的价值，捕捉案例，发现案例，积极分析，思考问题，在教育实践中解决问题，形成经验，从而发展幼儿的生长点。

2. "观、察"幼儿的学习品质

长时间持续的游戏才能使幼儿有机会不断深入探究和创造。整整一个小时，誉兴始终沉浸在游戏的探索世界中，我们不禁赞叹于他的专注，他的执着，他对游戏的那份热爱。幼儿在游戏中能积极创造、解决问题，发挥游戏的价值。我们发现幼儿：

（1）当发现圆形积木滚落速度太快时，就想办法降低坡道起点。

（2）当发现积木合并在一起很难被击倒时，就试图将积木分开摆放。

（3）当发现轨道容易被撞倒时，就想办法用积木加固轨道。

（4）当圆形积木无法进洞时，就逐段尝试找到问题起点。

这个过程让我们看到幼儿在困难面前不轻易退缩，大胆思考不断试误，积极反思不断调整。这正是幼儿在持续的游戏过程中自然而然获得的"积极应对困难或挫折"的学习品质。

> 💡 思考与延展
>
> 教师的专业自我（客观的与具有学术素养的）必须与个人自我（主观的与涉及感情的）合二为一。勇于反思自己的行为对于真实的观察和理解幼儿至关重要。反思自己的行为有利于清楚地表达自己关于幼儿如何学习的教育理念与思想。教师应该学会在自己做的同时思考自己正在做什么。美国当代教育家唐纳德·舍恩（Donald A. Schön, 1983）将这一能力称为"对行动中的认识的反思"。观察幼儿与自己的关系是这种自我认识的途径之

第二章　学会观察——探寻破局的基点

一。这便是教师的自我观察。

请通过不断地学习与反思,把握观察的本质,突破观察瓶颈,最终实现教师专业观察能力的有效提升。

第三章

解锁环境

探勘多元的变化

本章主要剖析儿童立场下的户外环境创设原则及要点，阐述结合宝山区本土地域的特质以及各园所情况，思考如何基于儿童视角，通过环境的布局及调整、材料的提供及存放，充分挖掘、盘活场地环境资源，优化改造自然、开放以及富有野趣的户外游戏场，供有需要的园所借鉴。

第一节
回归儿童立场的户外环境创设

自然环境：指环绕生物周围的各种自然因素的总和。自然环境的色彩、声音、视觉形态、气味等，都是那么真实与美好。幼儿在与大自然的交互中，获得大量真实的感受和丰富的经验。我们要充分挖掘幼儿园的自然资源，创设贴近生活的自然环境，激发幼儿内在的探索动机，自发、自主地学习与探索。

一、以教师为中心倾向的户外环境创设

户外环境开放且自然，幼儿可以尽情奔跑、自由玩耍，可以享受拥有空间自主、时间自主、材料自主、玩伴自主、玩法自主的游戏权利，但当下幼儿园户外环境创设中依然存在以部分教师为中心的倾向。

以教师为中心打造的幼儿园环境，指教师以自己的认知经验、思维逻辑、审美偏好以及社会取向来进行户外环境的规划、设计及布置。

主要表现在如下五个方面：

1. 户外环境区域设计的结构化

户外环境区域设计的结构化,即教师为了实现自己预设的户外活动目标,用成人的想法选择户外活动区域的类型,安排户外空间,缺少基于不同年龄、不同个性幼儿游戏需要的弹性思维。

2. 户外环境材料投放的定点化

户外环境材料投放的定点化,即教师通常只在规定的活动区域投放相应的游戏材料,幼儿无法进行活动区域的自由选择和联通。且不会观察儿童与材料的互动情况进行调整优化,不能自主地进行游戏材料的选择和组合,也无法满足幼儿对游戏的探索需求。

3. 户外环境设计创意的景观化

户外环境设计创意的景观化,即户外环境设计的创意主要是追求景观效应、审美效果,而不是支持幼儿自主探索及深度学习。

4. 户外环境绿化植物的观赏化

在固化思维中,幼儿园种植的花草树木主要是为了绿化达标、产生观赏效应,而往往忽略了其可作为丰富幼儿的自然认知,开展生命教育等的优质课程资源,绿色植物仅仅是儿童生活和游戏的背景,未能成为儿童探索互动的对象。

5. 户外环境种植园探索的轻视化

户外环境种植园探索的轻视化,即户外种植园只是幼儿偶尔观察、探索的对象,浅显的探索并未成为幼儿获得关于场地规划、科学种植、生命成长等诸多经验的来源。

二、基于儿童立场进行环境创设

从现实性与可行性两个方面来看,回归儿童立场的幼儿园环境创设表现为两种状态:一是"儿童视角",即教师尝试站在儿童的立场,关注儿童的所见所闻、所思所想,在理解儿童的基础上进行幼儿园户外环境创设。

二是"儿童的视角",即儿童在教师的支持下按自己的经验感受、自己的审美、自己的想法来创设幼儿园户外环境。

可见,"儿童视角"的幼儿园户外环境,其创设主体是教师,而"儿童的视角"的幼儿园户外环境,其创设主体是儿童。

(一)儿童视角

儿童视角指教师能够理解儿童的愿望、喜好、行动、感受与体验,理解眼下的一切对于他们当下生活的意义。因此,我们要与儿童同频,想他们所想,以儿童视角重建户外游戏环境理念。

《3—6岁儿童学习与发展指南》中提到:幼儿园需要为幼儿创建丰富的教育环境,满足幼儿的各项感官需求,通过亲身体验、实际操作、直接感知来获取更多的经验。由此可见,在户外游戏活动中,需要注重幼儿的学习特点,体现开放性、互动性、挑战性等特点,同时要注重幼儿户外游戏环境的优化,支持幼儿在户外游戏中获得各种感性经验。因此,我们在打造幼儿喜欢的户外环境时可以参考以下内容。

1. 保持户外环境的原生态

幼儿园不应给幼儿提供过度加工的精致环境,而应尽可能保持环境的自然生态。在自然环境中,幼儿们能大量接触和收集零散的自然物。这些自然物会激发幼儿们的想象力,启发他们进行艺术的拼接和搭建。

自然环境中的动植物与生态系统本身就在吸引幼儿们去探索。这些探索的体验,又反过来激发幼儿们对科学的好奇心,帮助他们在实践中建立起对世界的认知。自然环境与幼儿们的认知能力相互滋养,相辅相成。

例如,以草地、木屑、沙土、泥巴等来代替水泥地、塑胶地等,以土坡、竹林、泥塘、沙池、植物迷宫等来代替塑料攀登架、蹦蹦床,以砖头、石头、树枝、木棍、草绳等来代替塑料制品。

2. 保持户外环境的未完成性

幼儿园的户外环境应当能让幼儿体会各种乐趣，产生好奇心，获得新的感受，成为一个可以让幼儿不断探究、发现、总结、进步的地方。一个处处留白的环境仿佛一个未完结的故事，时时吸引幼儿参与其中，创造新的情节，延伸出新的结局。

从尊重幼儿权利的角度出发，在幼儿园，教师提供一个基础的环境，这样幼儿以后可以不断自我卷入、自我创造、自我完善，使环境变得灵动、丰富，充满"儿童性"，从而在不断的环境创设参与中获得自信、自主。

游戏环境与材料的价值在于引发及支持幼儿的游戏，这需要教师经常站在"儿童的视角"进行审视与反思。有些幼儿园的游戏活动之所以开展得不理想，出现幼儿缺少兴趣、秩序混乱、游戏内容单一等问题，可能正是因为教师缺少了这种从"儿童的视角"出发对游戏环境和材料的专业观察及思考。

案例：一改再改的山坡

游戏初期，教师观察到幼儿连续几天将材料从高处往低处滚动的重复行为。教师在教研活动中提出了这个案例，也引发了其他教师们的猜测："如果把这些材料从更高的山坡上滚下来，孩子会有怎样的体验和发现？"幼儿园经过反复思考、讨论，征求施工方的意见，决定用泥沙在沙池的侧面堆一个小山坡，再铺上人造草皮。同时，教师还投放了梯子、轮胎、塑料滚筒、长木板、塑料盆等材料。环境改造完成后，教师们看到了孩子探究的惊奇体验，有冒险带来的兴奋，有突发奇想带来的快乐!

随着游戏推进,铺在山坡表层的人造草皮逐渐老化、脱落,下面的泥巴和小石子都露出来了。教师从安全与卫生的角度考虑决定再次改造山坡。考虑到孩子喜欢钻爬的特点,教师在山坡的下半部埋了两组水泥管当作山洞;在山坡上的树与树之间搭建了木制的空中廊架,而廊架再与山坡的另一侧连接,新改造后的山坡区变得更大、更美观了。

教师满怀信心,认为新改造的山坡会让孩子们出现很多"哇"时刻,结果却发现,虽然也有孩子在山坡上游戏,但是却再也没有出现过探究行为,就连山洞也无人问津。

虽然二次改造后的山坡更协调、美观了,但这却是教师带着主观判断,没有真正从孩子的兴趣和需要出发的结果。于是,教师尝试以更宽广的视角去思考,持续观察山坡上孩子们的游戏,找到孩子的兴趣点,不断与孩子们沟通、交流,倾听他们的想法,了解孩子的需求。

随后,园所对山坡进行了第三次改造:一是适当增加了山坡的高度;二是把人为设计的"山洞""栈道""空中廊架"等拆除,留出更多的空间让孩子自由发挥、自主游戏;三是拆除与山坡相邻的沙池的隔断,使沙池区与山坡区相连,将山坡的边沿延伸至沙池,使山坡与沙池融为一体;四是利用山坡区边的围墙和建筑物,搭建可以收纳材料的长廊,方便孩子游戏时取放材料;五是利用场地上的大树和山坡边宽敞的场地架起两条滑索,并铺上人造草皮,形成了有足够高度和长度的滑索区,让孩子在安全的环境中自主感受、体验。

> 再次改造后的山坡保留了更多原生态的特征，变得更宽敞、更通透、更安全、更方便，游戏区之间的界限被打破，游戏环境呈现了开放性和多样性的特征，从而实现了环境利用的最大化，为孩子们提供了更多学习与发展的可能。

（二）儿童的视角

与"儿童视角"下的幼儿园环境创设不同，"儿童的视角"下的幼儿园环境创设强调不论年龄大小，儿童有权利对自己生活、游戏、学习的空间提出自己的设想，进行自主设计、决策。

在这种环境中，儿童能用自己的眼睛看，用自己的耳朵听，用自己的头脑想，用自己的双手做，而不是被要求、胁迫、牵引，按成人的逻辑和意志去行动、去思考。这意味着教师要积极邀请儿童参与环境的创设，减少单纯利用儿童的作品进行环境布置的做法。

> 幼儿园需要改造户外绿化带，有大量不需要的泥土被翻出需要转移，园长就请工人将这些土重新装好，把这些土运到了植物迷宫处创设了一个自然的"野战区"。有大班孩子提出：能不能在这个区域加一些打仗用的"武器"？也有其他孩子提出：植物迷宫区做野战区太小了，不好玩！于是园长聆听了这些想法后，决定交给孩子们来调整，做决定。
>
> 又如，幼儿园内有个小溪环绕、风景独特的小岛，小岛的功能主要是作为绿化和观赏区，长期以来一直作为校园观赏景点存在。有

第三章 解锁环境——探勘多元的变化

> 一次饭后散步时,教师意外听到了孩子们的讨论:好想去小岛上玩!于是,教师和孩子们经过商量后移除了岛上多余的树木,在小岛上创设了幼儿喜欢的游戏区域,并提供相应游戏材料,如帐篷、土灶、锅碗瓢盆等。在观察幼儿游戏行为后,教师还鼓励幼儿探索挑战、合理地冒险。

教师通过与幼儿进行访谈,倾听幼儿的想法,鼓励幼儿以绘画的形式表达自己喜欢的户外环境。

显然,一个基于儿童立场、邀请幼儿共同参与、经过精心设计的幼儿园环境,会由内而外地表现出对幼儿的尊重、信任和接纳,即环境创设中的每一步既有教师的预设,也有幼儿的声音,且教师更多地鼓励幼儿表达、允许幼儿选择、支持幼儿决定。

"儿童的视角"下的幼儿园户外环境创设,可以随着幼儿们的兴趣、需求以及发展水平的变化来动态调整与优化。教师可以从中探寻突破和创新。

💡 思考与延展

请结合你所在幼儿园的户外游戏环境,思考当前环境是否自然、多元,能否满足幼儿的游戏需要、调动幼儿的游戏兴趣,是否适宜幼儿自主、创造性地开展活动。

第二节
什么样的户外环境是幼儿喜爱的？

户外环境：户外环境是幼儿园环境的重要组成部分。安全适宜、富有自然野趣、区域合理的户外环境能够支持幼儿的游戏、探索、创造等活动，促进幼儿身心全面和谐发展，促进其动作发展、合作交往、观察探究、创造想象、生活习惯等方面能力的发展。

《3—6岁儿童学习与发展指南》中指出：幼儿每天的户外活动时间一般不少于2小时，其中体育活动时间不少于1小时，季节交替时要坚持。可见，户外环境是幼儿进行户外活动的前提和质量保障。

通过一线实践调研，我们发现"成人设计得越多，幼儿游戏兴趣越低"。我们不禁思考：幼儿需要什么样的环境，现有的环境存在什么问题？在与大量幼儿对话后，我们了解到，幼儿对户外自然野趣的环境最感兴趣，他们需要自由自在地玩。

第三章　解锁环境——探勘多元的变化

一、户外自主游戏环境的类型

我们梳理了幼儿园户外的自然环境资源,发现幼儿园户外有不少花、草、树木,也有沙、水、泥、石等。这些自然物不仅可供幼儿观赏,也可以成为幼儿通过触摸、听、闻去体验和探索的学习资源。但原有布局使这些自然物主要供观赏使用,无法让幼儿自由自在、随时随地探索。

因此,园所在进行游戏环境创设时可以充分利用这些自然环境资源,因地制宜地合理布局,如地面凸起的地方可以设计成幼儿喜爱的山坡;利用花、草、树木等打造自然探索区;沙、水、泥、石的组合可以设计成亲水游戏场……

1. 平地区

塑胶地相对平整又富有弹性,当幼儿使用梯子、木箱、滚筒等可移动的大型材料进行挑战性活动时,塑胶场地能够起到很好的保护作用;水泥地、石板地等坚硬、平整、开阔,适合开展建构活动,在组合使用游戏材料时有利于作品的成型与保持。

图 3-2-1　　　　　　　　　图 3-2-2

2. 山坡

坡地是向上拓展空间的自然环境。有一定坡度或高度的山坡、滑道、山洞等会带给幼儿挑战的机会。坡度、高度等的不同会带给幼儿不一样的感受与体验。不同的山坡可以带给幼儿不一样的感觉、体验。幼儿有时会骑着小车上、下坡,体验上、下坡时独特的视觉和速度变化；有时会自制各式滑道，利用垫子、滑草板、长板、梯子甚至滚筒等材料，探索不同坡度、滑道与速度之间的关系。

图3-2-3

图3-2-4

3. 草地

有条件的幼儿园可以创设开阔的草坪，支持幼儿在草坪上开展各类跑、跳、翻、滚、爬的游戏，还可以利用自然或人造起伏的地形给孩子的运动增加挑战；没有条件的幼儿园可以铺设带状草坪，或者在裸露土壤的地面铺设草坪，作为软化地面的手段。

图3-2-5

图3-2-6

4. 树林

若幼儿园户外空间充足，可以设计一个小树林，栽种各种树木，包括果木、花木等，

第三章 解锁环境——探勘多元的变化

在小树林里布置秋千、摇椅等设施,保留树林的土质地面。郁郁葱葱的树木变成了四通八达的迷宫,可以是幼儿们自由追逐的"野战区";幼儿们也可以用放大镜到处看一看,用测量工具到处量一量、比一比,发现植物的秘密;还可以在树林中设置小木屋、小竹屋,营造安静隐蔽的小角落,满足幼儿对独立空间的需求。

图 3-2-7

图 3-2-8

5. 沙水区

沙与水对幼儿来说有着天然的吸引力。幼儿喜爱用自己的身体去感知沙、水的流动与变化,如用双手感知沙子在指间的流动,用双脚感知沙子细密而柔软的触感。创设沙水池并提供各种挖掘工具、低结构材料可以让幼儿充分享受玩沙和戏水的乐趣。

图 3-2-9

图 3-2-10

幼儿园可以根据幼儿的人数设计不同规格的沙池。可以在沙池上搭设凉棚,提供可就近取用的水源,也可以在四周种植树木,夏季时提供树荫。

图3-2-11

图3-2-12

6. 玩泥区

软软的、硬硬的、湿湿的、黏黏的、凉凉的,这是孩子们走到户外后触摸泥土时的不同感觉。有的幼儿园将玩泥区的空间向下拓展,挖出了自然的沟壑。沟壑的深度和宽度的变化使幼儿在游戏中产生不同的体验,幼儿还可以通过组合可移动的材料创造需要的游戏情境。区域内可以设置大型的泥巴场,有大面积的用于摔打泥块的水泥地或者砖地以及稀泥池和涂抹墙,还可以准备大缸用来盛放和储存不同形态的泥巴。

图3-2-13

图3-2-14

玩泥区的材料因时因地因需而不同,因此幼儿园应就地取材、一物多用,根据本园的现有资源和幼儿兴趣灵活使用。满足幼儿挤、敲、挖、压、筛、涂抹等功能,如在玩泥游戏中幼儿可以发挥想象将石头、树枝、花草与泥土互动,进行雕刻、拓印、塑形等艺术创作,创造生动有趣的泥巴作品。幼儿的作品可以多样的方式展示,除了常规的展示架、展示柜外,幼儿园还可以利用户外环境创设"天然展示场",比如果园里的树上、菜园里的菜下、草坪上、水池上、长廊、路边等来展示幼儿的作品。

图 3-2-15　　　　　　　　　　图 3-2-16

正是因为把每一个幼儿对游戏环境的需求都纳入了考量,幼儿才成为了环境真正的主人。幼儿园的户外不再只有一马平川的塑胶场地,而是有了越来越多充满自然野趣的山坡、草地、沙池、沟壑等。各幼儿园中出现了自由灵动的游戏场景,幼儿在多样的生态环境中回归本真、彰显个性,在与材料的互动中释放童真,玩出童趣。

二、户外自主游戏环境创设的原则

(一) 环境规划要因地制宜,做到合理与多元

教师创设环境时不再依据自己的设想,而是通过持续观察,及时捕捉幼儿的需要,随时调整环境。园所在户外环境规划和创设时,要基于儿童视角,重视户外区域的功能性、多元性、融合性。

园所要审视盘活自己现有的资源，根据幼儿园场地面积大小规划户外游戏场地。每所幼儿园因为户外场地不同，一般呈现出兼有规则、不规则形状场地或前后园区分隔开来等几种样态，因此可以结合园所不同特点，因地制宜、合理规划。规则形状场地要有一定分区，满足幼儿不同游戏需要，打造游戏、运动空间等；创意规划不规则场地时要巧妙运用不同角落或树木、水渠等自然资源；可以根据不同年龄幼儿需要设置与空间相适宜的游戏功能区，特别是室内直接与户外相连的班级更要充分利用、合理规划。场地有限的园所还要考虑场地的交替使用问题。

利用自然资源和社区资源创设户外环境，使环境尽可能丰富多元，如花园、菜园、小树林、草地、山坡、沙地、池塘、泥坑、木屋、树屋等。地面设计多元化体现在既要有硬质的地面，便于使用可移动、可组合材料的建构活动的开展，也要有软质的地面，给予幼儿更多的游戏体验。游戏区域的地面可以是土质、沙质、木质的，也可以是草地、砖头路、水泥地、鹅卵石路等。

（二）环境设计要把握"度"，做到适宜与安全

在幼儿园户外游戏环境创设过程中，需要注重环境设计的安全，因为幼儿的安全意识比较差，还缺乏一定的自我保护意识。

安全性是幼儿园户外环境中至关重要的，这方面把握不好易出现两种极端做法，一是极端保护，二是过于放任。第一种情况，如所有的地面都做软化处理，所有的地面都处于同一水平线上，无坡、无坎、无障碍，所有设施边角、器械边缘都做软化处理……幼儿长期在这样的环境中活动，他们对环境的适应能力会削弱，自我保护能力也得不到应有的锻炼。第二种情况则是无视户外环境的安全性，如区域规划不科学易导致幼儿活动起冲突，大型器械放置在水泥地面上，器械间的距离过于密集，器械没有被很好固定易松动脱落，缺乏应有的安全标志等，在一些开放的大型空间中很容易出现意外事件，所以教师要注意排除安全隐患。

较为科学的做法是避免以上两种极端，教师应该正确处理挑战性与安全的关系。

既要为幼儿创设富于天然性、富有挑战性的环境,也要保障幼儿在游戏中的基本安全。首先,应对户外各场地的布置作整体规划,避免场地局促或不同区域之间互相干扰。在相对天然的区域,如树林、山坡、草坪等,可保留其土质地面,做适宜的软化处理,避免幼儿落地时受到伤害。其次,在检查场地时,关注一些特殊材料,如大理石、金属等,类似的坚硬的材料,可将其边角作圆滑处理。再次,经常检查游戏设施中是否有锋利尖锐的物体,不要让其裸露在外。另外,如发现设施设备损坏要及时维修。

幼儿园要充分利用环境自然优势,因地制宜,打造"生态 + 野趣","创新 + 挑战"的户外游戏空间,让游戏回归本真、富有生机、开放、多元。

> 💡 **思考与延展**
>
> 目前你所在的幼儿园,户外自主游戏环境中有哪些类型的活动场地呢?不同的场地是否都受到幼儿的欢迎?他们在不同的场地都会进行些什么游戏呢?

第三节
怎样让户外环境能满足幼儿的需要?

无界环境:这样的环境能满足幼儿与户外环境自然互动,使用户外空间时不受游戏功能的限制;最大限度拓展空间;材料在各个区域中流动、流通。从而打破游戏时间与空间上的界限,弱化区域之间的界线,给予幼儿更开放和更多创造的可能性。

环境的创设是基础,开放使用则是关键。场地功能不限定赋予了游戏区域多样性,也给予幼儿更多探索、发现的空间。无界环境充分利用小空间、小角落等场地,从地面、墙面、拐角到空中。不仅体现了空间资源和环境创设利用方面的低投入、高产出,而且对支持幼儿开展游戏产生了极大的影响。

一、场域无界

(一)从室内扩展到户外

《3—6岁儿童学习与发展指南》中指出:"幼儿园应当将环境作为重要的教育资源,

第三章 解锁环境——探勘多元的变化

教师要合理利用室内外环境,给幼儿创设开放的、丰富的教育环境。"将环境从室内扩展到户外的目的是给幼儿更多游戏的空间和创造、探究、交往的可能,最大限度地满足幼儿游戏与学习的需要。

> 如,机关幼儿园将托班教室面向操场的一面改造成了落地移门,让室外的阳光、空气、花香尽情地洒进、飘进教室。将落地移门全部打开时,幼儿的视野更开阔,脚步更自由。置身于自由开放的环境中,托班幼儿不再感到紧张和局促,他们更好奇了,并试探性地来到户外。缸里的小鱼、地里的小花、草坪里的积木,这些在自然中的有趣环境吸引幼儿不由自主地开始游戏,他们之前的消极情绪很快消失。这样的环境创设的背后,教师感悟到越是年幼的孩子越是与大自然中的万物有着天然的联结和感应。大自然是幼儿认识自我、强大自我、学习与发展的大课堂。

园所可以将托班活动场地边界融合,鼓励幼儿在进行活动时可适当交融联通。在不断弱化人为的场地分割后,给予托班幼儿更宽广的游戏空间。没有教师的预设与限制,幼儿们在自主自由的空间中,在乐于交往互助的"无界"场地中亲近自然、乐于挑战、获得成长体验。

图 3-3-1

(二) 连通大型玩具

大型玩具区包括多种滑梯、攀登架、跷跷板、秋千、钻圈、转椅和组合玩具等，但功能局限，玩法单一。因此需要打破固有玩法，激发幼儿进行创造性游戏。组合大型运动器械时可实施"加减原则"，即拆除部分安全高度范围内的平台出入口，增加各种可移动、可组合的材料，引发幼儿对材料进行创造性组合，为具有一定挑战性的幼儿探索行为创造无限的可能。幼儿园可以从本园的实际情况出发，让自然环境与运动器械、玩具巧妙融合，这样既很好地利用了空间，增加了变化，又让户外环境充满自然野趣，富有魅力。

图 3-3-2

(三) 开放种植园

不限定种植区域的功能，去除一些低矮灌木、围栏，让环境通透开放。这里可以进行探究植物、动物的活动，写生、画画等艺术创作活动，还可以进行种植、除草、收获等劳作活动。种植园不仅是供观赏的绿化区，还是充满乐趣的游戏场。

图 3-3-3

第三章 解锁环境——探勘多元的变化

图3-3-4

二、功能无界

(一) 巧设收纳空间

首先,收纳储物柜应就近场地摆放,高度应是幼儿可够到的,便于幼儿取用。如材料需分类放在置物箱里,应配上标志,让幼儿容易看得到。其次,材料的标志要清晰,便于幼儿识别与整理。在制作标志图时可使用实物照片,也可以请幼儿观察思考后自己表征。设置存放户外游戏材料的空间时要考虑到防雨、防晒,可考虑使用有屋檐或雨棚的收纳屋,并设置防雨罩,也可考虑使用可移动的收纳柜,以避免材料被淋湿或晒坏。

《上海市幼儿园办园质量评价指南》指出"环境、材料管理有序、整洁、有标记,便于幼儿取放和使用";《上海市幼儿园装备指南》也提到"户外应设置存储空间,合理布局,便于存放活动用具"。海尚明城幼儿园在对两项文件进行融合学习与理解之后,带着"怎样让环境、材料更贴近孩子,为孩子提供更多的发展机会"的问题重新思考:收纳屋数量是否足够?设置是否合理?幼儿在活动中取放是否方便?于是,园所在调整存储空间上确立这样的原则:空间开放,就近收纳,便于取用。在原有12间收纳屋的基础上，增加了6间，腾出了教工车棚为幼儿们的收纳服务。且听取了中、大班幼儿的意见与建议，对收纳屋门进行了微调——门框由窄变宽、材质由硬变软，方便幼儿们安全自主地进出。收纳屋门的微调，是在环境创设上尊重幼儿意愿的体现，让幼儿真正成为"自己的事情自己做，不会的事情愿意学着做"的小主人。

图3-3-5

（二）巧改局促空间

在户外活动场地中，幼儿园可以因地制宜，利用一些墙面、小角落、栏杆、大树等空间和设施,提供不同类型的活动材料,给幼儿更丰富的活动选择。如,利用大树安装攀爬网、升降滑索;利用墙面安装涂鸦板、齿轮、拼贴板、斜坡滚动槽、水的流动操作板等;利用栏杆放置各种不同质地的水管等;还可以利用小角落放置帐篷、厨具等供小年龄幼儿进行游戏,使户外的每一寸空间都得到充分的利用。

图 3-3-6

(三) 巧用绿化区域

教师要先从思想上改观,打破绿化带界限,创设包容开放的空间,让幼儿不仅看得见,还可以真切地触摸体验。绿化区域不再仅仅是具观赏性的景观区域,而是让幼儿们每天自由自主进出、支持幼儿自主探索及深度学习的场景。如,可以在绿化带周围设置水塔、沙水池等,形成沙、水、泥、树、石等相融合的游戏环境。

图 3-3-7

（四）巧造立体空间

可以充分利用小木屋或者园所内围墙，在墙上铺设白瓷砖、透明塑料板、砖块、黑板等，就近配备水源以及涂鸦工具材料，将原来单一的涂鸦墙，改造成丰富的自然的涂鸦区。幼儿在户外涂鸦的环境更加开放自由，满足了幼儿探索色彩、创造性表征的需求。

第三章 解锁环境——探勘多元的变化

图3-3-8

三、打造无界环境的要点

(一) 基础区域,优先确定

综合考虑幼儿园户外活动场地偏小的实际情况,优先确定可拓展场地,如沙水区、多变的地形、综合区等。预留充足的平整地面满足幼儿建构的需求。保证基础区域建设,注重空间的有效性和使用的合理性。

(二) 个性区域,锦上添花

涂鸦区、饲养区、户外生活区等需在基础区域确定后再开发、创设。可根据实际情况不断充实、调整这些区域。注重环境的安全性和材料投放的灵活性。

(三) 基于儿童,打通阻隔

户外环境的改造是为了服务于幼儿的发展,园所应结合自身情况扩展一切可以扩展的空间,从幼儿的需要出发,合理规划场地,在注重探究性和整合性为一体的基础上对游戏环境持续调整,不断地打破环境中的阻隔,不断地打开环境之间的通道,方便幼儿取放材料和进行跨区域游戏。如,沙水泥池边缘的创设与材料提供,要便于幼儿整理及开展游戏,可创设让幼儿换鞋袜、喝水、休息的区域;可创设泥沙水过渡区,确保幼儿游戏结束后不把泥沙带到其他环境之中;可创设归纳整理区,收纳玩具、活动用鞋了衣服等。

解码游戏　循迹童心
支持幼儿生长的观察、解读与回应

图 3-3-9

当然,户外功能区域的划分并不是固定不变的,而是要根据幼儿们的需要,在教师的观察和指导下不断调整、灵活变化。皮亚杰曾说:"只有儿童自己参与各种活动,才能获得真知,才能形成自己的假设并给予证实与否定。"因此,在调整和创设的过程中,教师应以合作者的身份,与幼儿们一起商讨幼儿园场地和区域的变化,让他们主动参与环境的布置,积极成为环境的主人。

思考与延展

◆ 以上提供的幼儿园户外自主游戏环境范式是否给予你启示?你想怎么调整自己幼儿园的户外自主游戏环境呢?

◆ 你同意"环境无界＝幼儿游戏无界＝幼儿成长无界"的说法吗?请说一说无界环境与幼儿发展的内在联系。

第四节
如何让游戏材料与幼儿有效互动？

游戏材料：材料是幼儿游戏必不可少的条件，低结构材料的玩法多种多样，可以满足幼儿的个体需求，帮助幼儿发挥无限想象空间，且能够促进幼儿的主动性发展。游戏材料对幼儿发展的意义和价值需要被教育者所重视，我们要去关注幼儿作用于游戏材料的行为，关注投放游戏材料的方式对幼儿游戏行为的影响。

幼儿作为户外游戏的主动学习者，可以自主选择材料、场地、玩伴等，从而在自由自主中获得内心的愉悦和满足。

一、户外自主游戏材料提供的策略

（一）"主 + 辅"

此处指"主要材料 + 辅助材料"。

1. 主要材料——可移动、可组合的材料

可移动：材料可移动、可变化。如，不同大小的箱子、不同形状的积木、长短不一的梯子与木板、保护安全的垫子等。

可组合：幼儿根据需要选择材料，进行不同的组合搭配。

2. **辅助材料**——在户外游戏中，具有多功能性、层次性、可替代性等的活动材料，可以满足不同能力、不同兴趣的幼儿需要。

自然材料：幼儿通过对自然材料的摆弄和操作，对自然现象的观察和记录，能不断发现各类事物的变化和规律，发现自然界中事物的相互依赖和共生，从而不断提升自身的自主感和场所感。

游戏材料源于幼儿的生活，可就地取材。如木桩、树枝、竹竿、石块、麦穗等自然物，这些都是很好的游戏材料。对处在探索阶段的幼儿们而言，即使是树枝和石头也可以玩出各种花样。我们以自然物为游戏材料，投放的都是原生态、低结构、贴近生活的材料。幼儿可以触摸到的游戏材料是源于自然的。

生活材料：幼儿对与自己生活密切相关的活动感兴趣，而大自然又与生活息息相关，因此，从大自然和生活中选取材料是有效、方便的途径。这些材料能赋予幼儿熟悉感和安全感，激发幼儿的主动参与性，还能满足幼儿的好奇心，激发他们的想象力。自主收集废旧材料，提供各种生活中的废旧安全物品，进行分类摆放，让幼儿可游戏、可探索的材料丰富多样。这些材料随处可见，但是却能衍生出各种组合、各种玩法。如，各种纸盒、卷纸芯、蛋托、有机玻璃瓶、易拉罐、塑料勺、报纸、木棒、瓶盖等废旧物品。教师们可积极鼓励和引导幼儿及家长定期收集这些材料，充实幼儿园的材料资源库。

第三章　解锁环境——探勘多元的变化

> 　　机关幼儿园为引发托班幼儿在游戏中的探索欲望,将开放性游戏材料搬到户外,让托班幼儿自由探索四季、感受力量、与自然建立联系。教师在小池塘里放置动物模型,幼儿自主玩起"雨林大冒险"的游戏;在竹墙间挂上叮咚作响的厨房打击乐器,吸引幼儿听听不同的声音;在墙角处排列高低不同的空瓶罐,让幼儿存放捡拾到的自然物;搬出大小不一的器皿,供幼儿收集雨水……幼儿每天都对大自然充满好奇,在户外游戏中不断与自然环境产生联结、积累经验。

个性化材料:教师还可以根据幼儿兴趣需要,准备好装有班级个性化材料的"百宝箱",满足幼儿自主选择、自由组配的需要。

(二)"加+减"

即增加主要材料的数量,减少同一区域内过多杂乱的材料以及减少互动性少的材料。

1. 增加主材料数量

当我们看到幼儿表现出无所事事或离开游戏区域等行为,教师需要反思材料数量是否充足。有研究结果表明,积木数量减少对幼儿游戏行为产生消极影响,积木配备总量减少对 4 名幼儿同时进行自由积木游戏时表现出的表征水平的影响较小,对幼儿的正向和负向交往行为影响不同。当积木配备总量减少到 200 块时,幼儿的游戏时长明显缩短、积木搭建水平显著下降。就总体而言,积木数量的减少对幼儿的游戏行为带来的消极影响更多,尤其是对大班幼儿的影响更大。

2. 减少互动性少的材料

成品材料容易导致环境高结构化,从而降低幼儿探索的热情,将幼儿限制在教师的规划中活动,可减少这类与幼儿互动性少的材料。采用纸箱、纸盒、瓶子、木板、瓦片等低结构材料。

需要注意的是,教师不但要依据幼儿积极行为和消极行为的增减来动态调整游戏材料的种类及数量,更要明确投放材料的意图。经过教师观察和思考后投放的材料才是使幼儿游戏持续深入的"有力法宝"。

(三)"特色+"

环境材料创设的本质是为幼儿提供有利经验,结合本土自然环境、民俗文化、园本特色,如"农耕文化""戏曲""红色文化"等来投放材料,能为幼儿提供更为直接的经验基础。

图 3-4-1 具有园所当地特色的材料

二、户外自主游戏材料投放的要点

(一)材料收纳开放,实现幼儿自主取放

及时、主动将物品归位,既是幼儿应养成的良好习惯,又是培养幼儿责任意识的重要途径之一,教师应为幼儿提供必要的条件和机会。幼儿进行户外自主游戏时,需要大量的游戏材料,教师可按照就近取放的原则,将材料区与游戏区紧密相邻,但又相对分开,二者互不干扰。根据游戏材料的不同特性,考虑开放式的收纳方式,便于幼儿取放和整理。

立式的收纳桶。适合收纳偏长的材料,如木棍、树枝、竹筒、PVC 管道等。这种收纳方式既不占用空间，又能突出材料的属性。

抽屉式收纳柜。适合收纳各类小物件，如石头、树叶、瓶盖等，便于幼儿查看、取用和收纳。

利用固定设施收纳。有些幼儿园在创设固定设施时，会留出储存空间，如有的设施既可以当休息区座位，座位下方也有存放材料的空间。

收纳工具。考虑到收纳的过程也是幼儿游戏、学习的过程，教师采用了各类既符合游戏材料特征又能支持幼儿探究学习的收纳工具。这些工具材质不同，如藤篮、木箱、塑料筐、不锈钢小推车等；容量不同，如不同深浅、宽窄、大小的容器；形状也不同，如长条形、方形、圆形容器等。幼儿在收纳的过程中，边收纳边探索材料与工具之间的关系。后来，教师还根据收纳工具的特点给部分工具安装了滑轮，以便于幼儿运送。

在收纳过程中，幼儿还常常发明新方法，如将圆形的纸筒、竹筒等直接套在手臂上运送，用绳子将竹筒串起来拖着运送，将方砖整齐地叠放在长木板上由几个幼儿抬着运送等。

（二）材料使用无限制，助推幼儿游戏发展

以往，对材料的使用大多是受到限制的，如梯子只投放在运动区，只能用于攀爬等。如今，打破了对材料玩法与游戏空间的限制。例如，幼儿会将梯子拿到沙池中搭建城堡；会利用梯子玩滚球的游戏；在小树林里，幼儿会利用梯子攀爬以观察与探索树上更高处有什么；等等。当"梯子不只是梯子"时，即当教师取消了对材料玩法的限制时，幼儿对材料的创造性使用就会层出不穷；当材料可以不受限制地在游戏场自由移动时，或幼儿可以跨区域使用任意材料时，他们的游戏内容也变得更加丰富。

（三）材料清洁整理有序，保障幼儿安全游戏

为方便幼儿游戏后清洁、整理，可根据幼儿园场地环境的分布，在各区域的邻近位置设置适合幼儿的洗手池、洗脚池、洗物池等，特别是在沙水池、陶泥区附近提供足量的不同高度、材质、开启方式的洗手（脚）设备等，让幼儿在操作体验中学会自我管理。例

解码游戏　循迹童心
支持幼儿生长的观察、解读与回应

如，在涂鸦游戏结束后，幼儿或用刷子、清洁球等清洗工具、雨鞋等，或用花洒和水管等冲刷、擦洗墙面，最后把游戏场地和自己身上清理得干干净净。

游戏中的卫生如何保证？这就需要教师们给幼儿提供合适的保健防护装备，并帮助幼儿建构充分的卫生保健经验，养成良好的卫生习惯。教师根据幼儿在不同场地游戏的需要，为幼儿提供相应的卫生保健用品。每班都提供存放幼儿水杯的架子，每个幼儿都有干净的毛巾，有单独的桶放置用过的毛巾，夏季有驱蚊水、清凉油等防护用品，确保幼儿在游戏中能自如地应对口渴、流鼻涕、出汗、被蚊虫叮咬等情况。教师则关注幼儿如何在借助这些用品管理好自身健康的同时，自如、安全地进行游戏。

案例：不被吸的水？尽在掌控

■ 活动背景

由于大班主题"我们的城市"给予了幼儿很多关于城市的知识和兴趣点，所以幼儿这段时间一开展沙水游戏就持续致力于搭建沙漠城市，城市的面貌在幼儿的坚持和创新下已经初具雏形。他们利用自己收集的各种材料，包括粗吸管、海绵边条、扭扭棒等搭建城市，在他们的"沙漠城市"中可以看见水果园、房屋、马路、围墙和篱笆。

就在城市快要搭建成功时，幼儿们又提出了要在城市中建造一条小河，而材料库中的"三宝"材料正好可以将水引入沙坑。于是幼儿们在游戏中将水引入沙坑，挖起了河道，关于"一条有水流淌的河流"的探索就此展开……

第三章 解锁环境——探勘多元的变化

■ 场景一:河道里的水被吸走了

沙水游戏开始了,幼儿们在水龙头处搭建水管,想要引水进沙池。当幼儿们顺利将水管搭建到沙池边缘时,小宝说:"好了,现在我们引到沙里了,不需要再引了,我们在沙子里挖水道吧。"聪聪一听,说:"好啊,好啊。"于是,幼儿们一起走到材料库里寻找沙铲挖掘水道。过了一会儿,水道挖好了,小宝笑着说:"好啦,可以放水了!"聪聪跑到水龙头处打开水闸,可是水流到沙子里的水道中时,水一下子被沙子吸走了。小宝哭丧着脸说:"水被吸走了,我们的水道没有成功。"

游戏后,教师和幼儿开展了交流分享。

教师问:"今天的游戏中你们遇到了什么问题?"

小宝说:"我们的水一倒进去河道里就被沙子吸走了。"

教师追问:"大家有什么好建议给他吗?"

这个问题引发幼儿们展开了热烈的讨论。有幼儿想到可以去"百宝箱"中寻找有用的材料,也有幼儿说可以垫东西在沙子里,不让水漏下去,听到这个想法,小宝想到之前买小鱼的时候用塑料袋装水是不会漏的,表示下次游戏时可以试试塑料袋。

在这次分享交流后,教师将幼儿们提到的材料增添到班级"百宝箱"中,并请幼儿们共同收集材料。

■ 场景二:使用塑料袋行不行?

第二天,小宝和聪聪如约而至,他们来到沙池里进行水管铺设,经过上次的分享和交流后,两个幼儿有意识地在"百宝箱"中寻找塑料袋。小宝和聪聪选择了一次性塑料袋开始游戏,他们想在沙地上把塑料袋铺平,可是每一次当他们刚要把塑料袋铺好时,却总有风吹来把袋子吹皱。就这样,他们花费了大量的时间铺设塑料袋。他们还发现因为塑料袋铺不平,最后在试验环节中效果并不理想。小宝皱着眉头说:"塑料袋根本不行,总是动。"聪聪也叹了口气,显得有些气馁了。

看到这一幕,教师对幼儿们说:"看呀,你们的河流里已经有水了!好像马上要成功了哦!再想想什么更合适的材料能帮助你们吧。"当幼儿们听到这句话时,他们挺起了胸膛,笑着对教师说:"对呀!我们马上就要成功了!"

软软的一次性塑料袋使得幼儿在游戏中遇到了种种困难,有风吹过时,一次性塑料袋无法保持平铺的状态。幼儿们将大量的时间用于一次次反复地抚平塑料袋,因此,最后幼儿们想要再次想办法解决问题也来不及。在游戏后的分享交流中,幼儿提出需要硬质的管道帮助他们实现这个想法,但是在短时间内幼儿园无法提供这么多硬质管道,教师决定发动家园合作的力量,共同收集一些不同长短的PVC管道。最终在家长的帮助下,班级的"百宝箱"里又增添了不同材质、不同大小的管道材料。

■ 场景三:水怎么不往前走了呢?

小宝拿着一根硬质管道跑过来,对聪聪说:"快看!这个就不会被风吹跑啦!"聪聪说:"对!我们一起试一试吧。"他们将管道铺设在沙池中。铺设完成后聪聪打开了水龙头,水虽然顺着管道向下流去,

第三章 解锁环境——探勘多元的变化

但当流到两根管道连接的地方时水却漏下去了。聪聪嘟着嘴巴说:"没成功啊,水不往前走了。"小宝看了一会儿说:"这根管子没接住水呀,把管子放在下面就行了。"小宝说完蹲下来将两根管道的位置互换了一下。铺设完成后聪聪打开了水龙头,水顺着管道在沙池中向前流去。看到这一幕,小宝和聪聪开心地跳了起来。

图 3-4-2

幼儿们经过不断地尝试最终找到了硬质的管道作为运输水的通道,这样的管道可以轻松"运水",也可以有效避免水的流失。教师看到即使幼儿们遇到了问题,也没有气馁向教师求助,而是自己思考解决。最终幼儿们将管道铺设在沙子中,水从管道中顺利地向前流。教师通过每一次的交流分享助推了幼儿的游戏,引发他们对材料进行思考与挑战解决问题。这使得幼儿在游戏中对材料不断探索,尝试自己解决问题并获得新经验。

《3—6岁儿童学习与发展指南》中提出:"成人要最大限度地支持和满足幼儿通过直接感知、实际操作和亲身体验获取经验的需要。"可见,材料是幼儿开展自主游戏的重要支柱,材料的种类、性质、多少等都会影响到幼儿的行为。在材料投放的过程中,我们还是要注意几个"老生常谈"的问题。

1. 关注材料的结构性

在材料投放过程中,既要考虑幼儿的年龄特点,又要与幼儿现阶段的游戏水平紧密相连,有针对性地选择投放那些对该年龄段或对现有水平发展有促进作用的材料。在投放游戏材料时,我们需要时常考虑,"这种材料可以有几种玩法""是否适合不同水平的幼儿操作""如果稍加变化,幼儿又会如何操作呢"等。

2. 关注材料的动态性

幼儿的游戏是一个动态的过程,因而为幼儿提供游戏材料也应该是一个变化的、非静止状态的过程。丰富、适宜的游戏材料能让幼儿充分享受游戏的快乐,挖掘幼儿的潜能。适应于幼儿动态发展过程的材料才能发挥其在幼儿自主游戏中的作用,使幼儿的游戏"活"起来,幼儿的发展"活"起来。

3. 关注材料的主体性

让幼儿一同参与寻找材料。幼儿一同参与寻找材料、丰富自己的"百宝箱",不但有助于提升幼儿对游戏的浓厚兴趣,以及触发幼儿对材料进行更多的思考,而且更容易让幼儿主动思考何种材料更适合自己、不同材料可以怎么使用、材料与材料如何组合等。

💡 **思考与延展**

请谈谈你所在幼儿园对投放户外游戏材料时体现层次性及开放性的思考与做法。

4

第四章 解密行为
探秘成长的可能

本章以游戏故事生动形象地再现幼儿游戏现场,分享幼儿游戏中的"精彩时刻",在游戏中看见情感的表达、发现经验的迁移、聚焦问题的解决、关注交往与合作、把握安全的界限,探秘成长的无限可能。同时呈现教师观察童行、倾听童音、理解童心,从而追随童迹的教育智慧。

第一节
看见情感的表达

学前期是情感萌发的重要时期，而情绪情感对幼儿个性养成有着重要影响。游戏时，幼儿在直接感知、实际操作、亲身体验中不断萌发各种情感，同时以自己独特的方式表达情感。教师需要在游戏中以陪伴、包容的心态看见幼儿独特的情感表达，在游戏后以平等、共情的态度倾听幼儿内心的情感。

在游戏中，伴随着一个个问题的解决、一场场思维的碰撞、一幕幕交流对话，幼儿欣喜、快乐、感动等各种情绪油然而生，同时也可能产生沮丧、失落、难过等种种情感，教师需要根据幼儿的表情、眼神、动作、语言等接收幼儿的情感信号。

幼儿的情感常常会随着游戏情境的转换而变化，游戏能够丰富幼儿的情感体验，这就需要教师正视幼儿在游戏中的情感表达，同时为幼儿提供足够的时间、宽敞的空间以尽情表现，让幼儿在游戏中充分获得多样的情感体验。

同时，游戏中常常蕴含着多样的人际交往，幼儿需要尝试换位思考，甚至是进行商量、妥协，以此来更好地推进游戏，这对幼儿的情绪调控能力提出了考验，也是幼儿尝试掌控自身情绪的绝佳机会。此时，教师需要给幼儿一定的时间和空间，以鼓励性的语言帮助幼儿进行情绪调节。

在日常生活中幼儿不可避免地会出现一些消极情绪，如果消极情绪不断积压，会对幼儿心理健康产生影响，而游戏能够帮助幼儿宣泄消极情绪。在游戏中教师要充分地理解和共情幼儿，当幼儿出现过激情绪时，教师不能简单粗暴地进行处理，应该用平等、尊重的态度加以引导，帮助幼儿消解情绪。

怎样关注幼儿的情感，在实践中还可以从以下几个方面进行。

1. 教师需要关注游戏中幼儿情感的表达

首先，从幼儿的交流、讨论或自言自语中感受到幼儿的情绪；其次，从幼儿的动作中感受情绪，例如高兴时手舞足蹈，生气时举起拳头等；再次，教师最容易忽视的是幼儿的表情和眼神，关注幼儿的微表情，从中捕捉幼儿的情绪信号。

2. 教师要给予幼儿充分表达情感的机会

在游戏中幼儿既有积极情感的流露，也有负面情绪的表达，这都是正常的。教师不宜因负面情感的出现就急于介入，而是需要给幼儿时间、空间去体会、表露自己的情感，以理解的心态接纳幼儿的情感表达。

3. 教师要允许幼儿在游戏中宣泄情感，接纳幼儿抒发负面情绪

面对幼儿的负面情绪不应生硬突兀地制止，而是要耐心了解幼儿出现负面情绪的原因，必要时以适当的方式帮助幼儿宣泄情感。

4. 教师要充分了解幼儿的年龄特点，且看到不同幼儿的个性化情感表达

对幼儿情感进行适宜的判断，不盲目介入，而是给幼儿自我调节情绪的机会，必要时以适宜的方式帮助幼儿调节情绪。

第四章　解密行为——探秘成长的可能

5. 除了在游戏中看见幼儿情感的表达，教师也要关注游戏后的分享交流、一对一倾听的过程中幼儿的情感表达

以平等的身份鼓励幼儿进行讲述。在幼儿表达情感的过程中可以尝试与幼儿进行互动，以微笑的表情、鼓励的话语支持幼儿自我表达。对幼儿表露出的情感进行肯定，让幼儿感受到教师在倾听、理解、接纳自己的情感。

案例：走进孩子的"心门"

年龄段：大班

◆ 观察与发现

在积木区，钧钧想搭建一个饭店，然而饭店的大门成为了钧钧的难题，伴随着大门的一次次倒塌，教师在关注着钧钧的情感变化。

在第一次的尝试中，钧钧先竖起了两块长板，当他拿起第三块长板时，两块竖起的长板都倒塌了。此时钧钧并没有放弃，他换了一种方式，将一侧的小积木迅速垒高，而当他准备去拿另外一块积木时，再次碰倒了长木板。此时，教师观察到"钧钧一动不动地坐在其中一块倒塌的长木板上，双手抱着膝盖，紧锁着眉头，盯着这片刚倒下的积木许久"。

图 4-1-1　倒塌的木板　　　图 4-1-2　坐着的钧钧

在第二次的尝试中,钧钧仍然在搭建大门,但门框反复倒塌,此时朋友走过来一起尝试搭建,但是钧钧没有理睬,而是"把地上的四块长木板拼在一起,身体蜷缩着躺在木板上"。之后,教师进行了一对一倾听,钧钧说:"长木板一直倒,我用了很多办法,我用了积木撑住,还在下面加积木,但是所有的积木都倒了,我很伤心。"听了钧钧的感受,教师在分享交流中播放了木板倒塌的视频,大家提出了很多好方法,而教师观察到钧钧依旧"表情平淡"。

图 4-1-3　躺着的钧钧　　　　图 4-1-4　钧钧的游戏记录

在第三次的尝试中,大门依旧经历了两次倒塌,此时教师选择为钧钧提供隐性支持,教师指着旁边用圆柱体搭建长椅的孩子对钧钧说:"你看他们是怎么搭的。"钧钧的门框刚竖起来,在铺地砖时又倒下了。此时钧钧"抱着三块长木板一动不动",面对同伴拿来的圆形积木,钧钧"看了一眼,捡了起来,随手一扔"。

第四章 解密行为——探秘成长的可能

图 4-1-5 倒塌的门框　　　图 4-1-6 抱着积木的钧钧

在第四次的尝试中，钧钧使用了圆柱体积木搭建门框，在两根积木之间架上长木板，大门终于搭建成功。钧钧对着教师指了指大门，露出了开心的表情。

图 4-1-7 使用圆柱体搭建　　　图 4-1-8 成功搭建大门

◆ 解读与反思

在四次搭建大门的尝试中，教师始终关注着钧钧的情感变化，敏锐地接收到了钧钧的情感信号。

在第一次尝试中，教师认为钧钧一开始是"积极、主动"的，在经历了几次倒塌后，钧钧一直在调整、尝试，没有放弃。教师观察到了钧钧的动作——坐在木板上双手抱膝，关注到了钧钧的表情以及眼神——眉头紧锁,盯着倒塌的积木许久,这都是钧钧情感表达的信号。教师也看到了钧钧面对挫折的思考:"钧钧多次试错,他在观察、猜测、比较、实践中感受长木板的材料特点。"面对钧钧一次次的失败,教师没有介入,而是选择继续观察。

在第二次尝试中,教师通过钧钧的动作——蜷缩着躺在木板上,敏锐地感知钧钧的情感"他想要独处且很伤心"。此时,教师选择用"一对一倾听"的方式鼓励钧钧表达情感,在交流分享中通过同伴互相帮助解决问题,然而令教师不解的是"大家都在帮他出主意,怎么他反倒没兴趣了呢"。

在第三次尝试中,教师觉察到"钧钧的沮丧已经持续了两天",这令教师陷入了矛盾与纠结中,钧钧的消极情绪是否会影响他的游戏兴趣,教师又是否需要进行介入呢?在游戏过程中,教师选择了语言提醒,希望引发钧钧对材料选择的思考,而钧钧的动作表达了他拒绝同伴的加入。此次观察结束后,教师通过复盘游戏视频,发现在游戏过程中钧钧也曾开心过,寻找到了门框倒塌的"隐情",分析了钧钧拒绝同伴加入的理由。

在第四次尝试中,钧钧终于成功了,露出了开心的笑容,教师关注到了钧钧的情感,也在过程中随着钧钧的心情变化而调整自己的行为,更发现了钧钧学习的过程,了解了钧钧背后的故事。

在整个游戏过程中,随着教师对幼儿情感的持续关注,教师逐渐发现情感背后幼儿的真实需求。正如教师在自我反思中所提到的"幼儿的每一个动作、每一句话都有其独特意义。教师对每一个细节多一句'为什么',并带着好奇心去思考和问题,答案就会迎刃而解"。

第四章 解密行为——探秘成长的可能

在以上案例中,我们看到了教师对于游戏中幼儿情感表达的关注,其实不仅仅在游戏过程中,在游戏后的一对一倾听中,也蕴含着幼儿丰富的情感表达,这都需要教师倾心关注、敏感捕捉。

案例:"找回"孩子的笑脸

年龄段:大班

◆ 观察与发现

在游戏后,教师进行一对一倾听并真实记录孩子的想法与体验已经成为了教育日常的一部分。有教师发现,将一对一倾听的过程以视频的方式记录下来能够更好地帮助教师进行解读与反思,在回看了倾听过程视频后,教师有了如下的发现。

在七分钟的视频中,教师发现孩子出现了三次开心的表情,第一次是在视频开头孩子说"今天玩了很多游戏,我的纸都画不下了";第二次是孩子介绍自己画的符号表示禁止的意思;第三次是在视频结尾孩子介绍今天和谁一起玩。

然而教师回顾视频中自己的状态时,发现自己一直在"低头奋笔疾书",以求能够快速记录孩子的话,而忽略了孩子在讲述过程中表达出来的快乐。教师也在进行自我反思:"三次真挚的笑容让我真切地感受到了游戏现场以及讲述游戏故事带给他的快乐,而我却错过了这次绝佳的走近他内心、更加了解他的机会,这让我感到非常遗憾。"

在下一次的一对一倾听中,教师尝试做出了一些改变,当孩子进行讲述时,教师在这个过程中一直看着孩子,用微表情鼓励孩子进行

解码游戏　循迹童心
支持幼儿生长的观察、解读与回应

表达，同时追随着孩子的兴趣进行回应。令教师意想不到的是，孩子不仅讲述了自己记录的游戏内容，还与教师分享了自己的游戏感受，并且主动向教师发起了互动和对话。在互动中，孩子一直是轻松、自在、自信、愉快的。

◆ 解读与反思

在游戏后的一对一倾听中，孩子也在充分表达着自己的情感，教师需要更多地关注幼儿的情感体验。

教师在反思中提到"我们的倾听不应该仅仅停留在游戏的情节和内容上，更要倾听孩子的内心故事"，孩子的记录不仅仅是记录，也是教师通往孩子内心世界的桥梁，教师更需要珍视一对一倾听过程中的互动与对话。

在充分倾听的背后，是教师对幼儿更进一步的了解，也是平等友好师幼关系的建立。

💡 思考与延展

每一个幼儿都是不同的，当遇到幼儿的情感表达较为激烈时，你是如何观察的？如何回应的？当遇到幼儿的情感表达较为细腻、隐性时，你是如何发现的？如何回应的？

第二节
发现经验的迁移

游戏是生活的镜子，幼儿在游戏中不断再现各种已有经验，在游戏中不断体验生活中的种种情境。在学前期获取的经验越多，在后期对知识的理解就越容易，幼儿在游戏中获得丰富经验的同时，也是在为未来生活做好准备。教师应该了解幼儿的经验从哪来，关注幼儿的经验在哪里，支持幼儿的经验升级。

在美国视听教育家戴尔的经验之塔理论中，经验可以被划分为做的经验、观察的经验和抽象的经验。做的经验被称为直接经验，观察的经验和抽象的经验被称为间接经验。由经验之塔的理论我们可以得知：观察的经验和抽象的经验建立在做的经验基础之上，做的经验是一切经验的基础。对于幼儿来说，做的经验越丰富、越坚实，个人的"经验之塔"就会越高。

作为教师，我们需要发现在游戏中幼儿的经验来自哪里、存在哪里、去往哪里，并关注经验的迁移与联结，看到在此之上幼儿所获得的学习与发展。

教师可以关注以下几个方面。

1. 发现幼儿的经验，了解幼儿经验背后的故事

可以从近期幼儿经历的事件、与家长的交流等寻找幼儿经验的来源，也可以从幼儿的绘画、讲述等材料中了解幼儿的真实想法，并帮助幼儿进行经验的梳理。

2. 了解幼儿的经验，为幼儿提供个性化的游戏环境

幼儿的生活经验是充满差异的，这就要求教师在环境创设、材料提供上充分尊重幼儿的经验差异，做到因材施教。

3. 鼓励幼儿进行同伴间的交流与分享

在此过程中，将幼儿的个体经验进行传递，幼儿因此得以在与同伴的交往中习得不同的经验，进一步进行经验的拓展。

4. 通过游戏分享、一对一倾听等方式帮助幼儿进行经验的梳理与提升

在必要时，选择适当的时机帮助幼儿进行"打结"，抓住教育的契机帮助幼儿实现经验的迁移与应用。

5. 在游戏后帮助幼儿拓展经验

不仅在游戏中，在游戏后教师也可以继续通过生成活动的方式进一步追随幼儿的兴趣和需要，将游戏中的经验运用到实际生活中，在问题解决中进一步迁移、拓展相关经验。

6. 关注幼儿经验的完整性、连续性

不仅在游戏中，在游戏后甚至家庭生活中，不断帮助幼儿丰富相关经验，鼓励幼儿运用已有经验解决生活中的种种问题，从而助推幼儿的学习与发展。

在沙水池中，有这样一群幼儿开始了对于"建一座桥"的探索，他们讨论在生活中见到的桥，尝试将看到的桥变成现实，在不断再现已有生活经验的同时，一次又一次地尝试进行经验迁移，不断升级改造沙水池中的桥，接下来就让我们一起走进"建桥"的故事。

第四章　解密行为——探秘成长的可能

案例：洒落在沙地的童年时光

年龄段：中班

◆ 观察与发现

在沙水游戏中，孩子们特别热衷于挖沟渠，然而当一条长长的沟渠挖成后，孩子们发现想跨过沟渠时却不知道如何落脚，有的孩子一下跳过沟渠，却把好不容易挖出来的沟渠弄塌了。教师在交流分享中联系幼儿的生活经验，提出了"生活中是怎么过河的"这个问题。幼儿围绕这个问题开展了讨论，并一致同意建造一座"桥"。

图4-2-1　挖沟渠、引水　　　　图4-2-2　贯通的水渠

孩子们最先想到用木块造桥，可是马上发现木块的长度不够。此时教师提出："那怎样才能造一座我们人可以走过去的桥？"孩子们通过讨论，选择了PVC管道。管道的长度够了，但是人走上去时很滑，孩子们马上提出"把沙子倒在上面"。后来，孩子们发现沙子会从管道之间的缝隙里漏掉，于是他们选择将小木块铺在管道上，这下一座"桥"就搭成了。

解码游戏　循迹童心
支持幼儿生长的观察、解读与回应

图4-2-3　摆放小木块　　　图4-2-4　尝试通行

第一次成功激发了孩子们浓厚的兴趣，孩子们开始留意生活中可以当"桥"的材料，他们找来了一块长木板，架在了沟渠上。然而走在桥上时，孩子们发现桥并不稳定，于是在长木板下垫了砖块，还把沙子堆在桥的两边。这样，稳定的桥就诞生了。

图4-2-5　在桥头填沙　　　图4-2-6　拍紧沙子

孩子们又找来了木桩，有的孩子说："我在电视里看到过这种桥，这是独木桥。"大家一起合作把木桩搬到了沟渠旁边，并像之前一样在桥头铺上沙子，马上完成了搭建。

在后续的游戏中，孩子们提出造一座"绕城高架那样的桥"，于是教师与孩子们共同进行了讨论。孩子们了解了桥墩、桥面的构造，并在游戏中用砖块搭建桥墩、用木板搭建桥面，建起了一座高架桥。

第四章　解密行为——探秘成长的可能　　135

图4-2-7　铺设桥墩　　　　图4-2-8　高架桥铺设成功

◆ 解读与反思

面对如何跨过沟渠的问题，孩子们联系生活中与"过河"相关的已有经验，马上提出了"造桥"的想法。最开始孩子们想到的是用木板来铺桥，然而长度并不合适。于是孩子们自然而然地想要寻找更"长"的材料，这时PVC管道吸引了孩子们的注意。铺好管道后，孩子们联想到铺沙来解决管道打滑的问题，在观察到沙子会漏掉后，孩子们选择用小木块再铺一层，最终完成了第一座桥的搭建。然后，孩子们又使用了长木板、木桩来造桥，并且迁移了玩沙时的经验，在桥的两头铺好沙子让桥更加稳定。在过程中，孩子们遇到了一个又一个的问题，但正是在不断试错的过程中逐步积累了经验，最终实现了从量变到质变的飞跃。

教师在整个游戏中不断帮助孩子进行经验的联结，以提问、互动、交流分享、共看图片等方式，帮助孩子不断丰富关于"桥"的经验。同时，在孩子们遇到问题时适时退步给孩子自主解决问题的空间，也提供适当的支持给孩子们延续游戏的动力，在游戏过程中发现孩子们的经验迁移。

解码游戏　循迹童心
支持幼儿生长的观察、解读与回应

医院是幼儿们非常熟悉的场所,在游戏中,幼儿们自然而然地再现了在医院的种种情境,其中"拍X光片"成为了幼儿十分热衷的事。在游戏中幼儿们动手、动脑解决了一系列关于拍X光片的问题,在经验的再现与迁移中不断获得成长。接下来就让我们一起看看小医院中的新变化。

案例:医院里的新设备

年龄段:中班

◆ 观察与发现

在游戏中,果果和文文一起开小医院,两人选择了药箱、黑色键盘和地垫,过来一段时间后,没有人来医院,于是果果运来了一个圆筒,用来拍X光片。其他孩子来到医院"看病",果果请"病人"站在筒里拍X光,可是筒太高了爬进去很困难。于是果果拿来了厚地垫,这次"病人"成功进了筒里。"病人"准备好后,果果开始敲键盘,当旁边的同伴来摸果果的键盘时,果果说:"这是我的工作室,你别乱动我的电脑。"就这样他们完成了X光片的拍摄。然而当"病人"准备出来时,发现筒太高了跳不出来,果果马上拿来了泡沫砖,让"病人"踩在泡沫砖上面跳了出来。

图4-2-9　用大圆筒拍X光片　　图4-2-10　用垫子辅助　　图4-2-11　用泡沫砖辅助

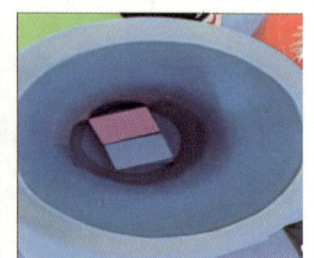

第四章　解密行为——探秘成长的可能

之后,果果邀请教师来医院看病,首先还是要拍X光片。教师试探性地进行了提问:"医生,拍X光只能站着拍吗?"果果将圆筒进行了调整,把筒放倒后邀请教师躺进去,此时滚筒左右晃动,教师与其他幼儿进行了互动:"哎哟,我要滚下去啦!"文文马上搬来两个轮胎将筒进行固定。

之后,文文在运动器材库中找到了一个投掷靶,果果将投掷靶当作视力检查工具,并邀请路过的周老师进行"视力检查",这时又有"病人"来拍X光片,果果和文文分工合作,忙碌起来。

图4-2-12　将滚筒平放

◆ 解读与反思

为什么果果这么热衷于"拍X光片"呢?原来在一周前,果果因病入院时拍摄了X光片,这便成为了果果印象最深的事情,因此拍X光片的情节在医院游戏中反复出现。这说明幼儿的游戏是对现实生活的充分再现。

详细解读果果的游戏过程,我们可以看到果果有非常丰富的生活经验,他能够结合自己的"就医经历"真实地再现"拍X光片"的过程。同时他还有强烈的角色意识,当别人碰他的电脑时,他会严肃拒绝。在游戏过程中,他也表现出使用替代物的能力,把圆筒当作X光机、把投掷靶当作视力检测仪,这也是幼儿经验的再现与迁移。我们还能看到果果自我解决问题的能力,拿来垫脚的厚地垫、泡沫砖、平放的滚筒等都蕴含着果果的游戏智慧。

> 💡 **思考与延展**
>
> 　　你认为幼儿在游戏中的经验迁移是自然发生的还是通过教师有目的的预设而发生的？教师在游戏过程中是否需要为幼儿经验的迁移做准备或提供支持？说一说你在实践中的经验和做法。

第三节
聚焦问题的解决

幼儿在游戏中常常遇到各种各样的问题，在解决问题的过程中，幼儿在理解的基础上进行主动学习，获得科学、社会等多方面的发展。问题解决的过程亦是学习发生的过程，幼儿正是在解决问题的过程中不断获得学习与发展。教师要聚焦游戏中的问题解决，敏锐地发现问题，给予幼儿自主解决问题的空间，培养幼儿自主解决问题的能力。

教师应该充分认清自主游戏的意义，在游戏中鼓励幼儿发现问题、思考问题、解决问题。当幼儿遇到问题时教师不能武断地直接帮助幼儿解决，亦要警惕直接向幼儿传授知识经验。这看似是教师帮助幼儿解决了问题，实则缺少了幼儿独立解决问题的过程，即缺少了幼儿独立思考的过程，幼儿将错失学习与发展的良机，这也违背了游戏的初衷。

基于此，聚焦游戏中的问题解决，本书提出以下几点建议。

1. 充分利用环境、材料等引导幼儿发现、解决问题

《3—6岁学习与发展指南》提出"支持和鼓励幼儿在探究的过程中积极动手动脑寻

找答案或解决问题"。在游戏过程中,教师要聚焦幼儿的解决问题能力,则应充分利用环境、材料等,引导幼儿通过多感官体验、仔细观察、触摸比较、动手操作、科学实验等方法,在游戏过程中学习发现问题、分析问题和解决问题,帮助幼儿不断积累经验,形成受益终身的学习态度和能力。

2. 给予幼儿充分的时间和空间,教师适时提供支持

在游戏过程中遇到问题时,幼儿首先会根据自身已有经验和掌握的知识进行思考,此时教师需要给予幼儿充分的时间和空间,让幼儿有机会运用自己的方式去尝试解决问题。同时教师也要注意观察幼儿的情绪状态、语言、动作,如果幼儿实在难以解决问题,出现消极情绪或因此放弃游戏,教师需要及时给予支持,保护幼儿的游戏兴趣。

3. 在游戏中教师要充分理解、共情幼儿

由于年龄特点,在解决问题的过程中,幼儿往往会花费比成人更多的时间精力,甚至有时努力良久仍无法解决问题,这是正常的情况。教师要在保障幼儿安全的同时,鼓励幼儿多看、多想、多问、多尝试,朝着解决问题的目标不断前进,在理解和共情中助推幼儿发展。

4. 把握好"放手"的度

在聚焦幼儿解决问题的过程中,教师并不是完全放手、无所作为的,教师要把握好"度",一方面给予幼儿时间和空间,另一方面在必要时对幼儿进行引导,帮助幼儿梳理、总结、提升经验,进一步增强幼儿的解决问题能力。

5. 充分理解幼儿,鼓励、支持幼儿

教师需要进一步明确,问题并不是游戏的阻碍,幼儿在解决问题的过程中常常需要全身心地长时间投入,这有利于促进大脑的感性、理性认知,有利于培养幼儿的专注性、创造性等美好品质。在解决问题的过程中,教师要鼓励、支持幼儿,帮助幼儿建立面对困难的勇气,帮助幼儿树立强大的自信心,帮助幼儿养成思考问题、解决问题的习惯。

在螺母积木旁,幼儿们正在想办法重建以往搭建过的"东方明珠"。教师本以为重建工程毫无难度,是经验的"倒退",却在看到幼儿们解决问题的过程后开展了深度反

第四章　解密行为——探秘成长的可能　　141

思。让我们一起走进"东方明珠"的重建现场。

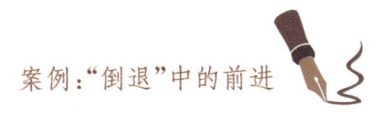

案例："倒退"中的前进

年龄段：大班

◆ 观察与发现

在前期的游戏中,孩子们利用积木成功搭建了"东方明珠",但由于幼儿园场地改建的原因,"东方明珠"被拆除了。当孩子们再次回到幼儿园时,他们开始重建"东方明珠"。

在第一次的重建中,孩子们延续了以往的经验,自然地进行分工合作,很快利用螺母积木完成了一层围墙的搭建。在游戏后的一对一倾听中,孩子主动告诉教师:"老师,你知道螺丝的秘密吗？之前我们搭东方明珠的时候就发现了这个秘密,如果螺丝拧得很紧,我们调整形状会很不方便！所以这次我们的螺丝没有拧紧！"

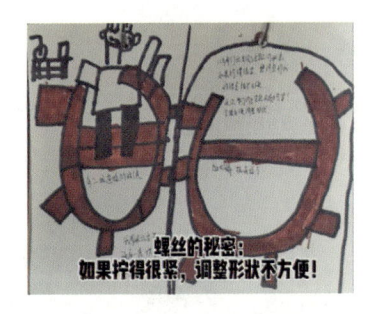

图 4-3-1　分工合作　　　　图 4-3-2　螺丝的秘密

在第二次的重建中,孩子们开始在围墙上铺木板,此时"东方明珠"已经开始晃动了,但是孩子们并没有在意,而是继续进行搭建。随

142　**解码游戏　循迹童心**
　　支持幼儿生长的观察、解读与回应

着铺设的木板越来越多,"东方明珠"晃动得也越来越厉害,当孩子们准备调整时,整个"东方明珠"全部倒塌了。面对倒塌的"东方明珠",教师组织孩子们进行了集体交流分享,通过共同观看视频,尝试解决"东方明珠"倒塌的问题。在交流分享的过程中,孩子们纷纷提出了自己的想法,有的说可以帮忙扶住,有的说可以拧紧螺丝,有的说可以更换螺丝,有的提出了转角板的问题……

图4-3-3　继续搭建　　　图4-3-4　倒塌

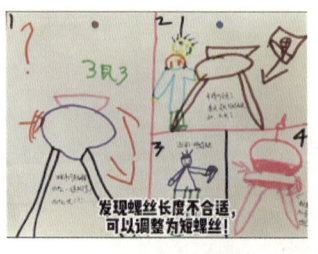

图4-3-5　交流分享

带着前一天的讨论结果,孩子们开始了第三次的重建,这次更多的孩子加入了搭建"东方明珠"的队伍中,孩子们自然而然地进行分工合作,加固了"东方明珠"的落脚点,共同完成了第一层的搭建。

图4-3-6　分工合作　　　图4-3-7　改变方式

第四章　解密行为——探秘成长的可能

◆ 解读与反思

　　重建"东方明珠"的过程就是解决一个一个问题的过程,在过程中我们可以看到孩子们一次又一次动手、动脑解决问题,也可以看到教师一次又一次适宜地支持。

　　其实在第一次搭建时,教师就"预见"到了可能出现倒塌的问题,对比以前孩子们采用"两个支架＋一块长弧板"搭建落脚点的方法,此次孩子们采用了"N个支架＋长弧板"的方法,方法的改变为后续的坍塌埋下了导火索,然而教师并没有马上就介入其中,而是在内心为这个"隐性问题"的出现作好了准备,教师认为这就是促使孩子们主动思考与学习的最好契机,游戏的结果并不是最重要的,一次次试错、一次次解决问题的过程才弥足珍贵。

　　同时,教师也非常敏锐地发现了孩子们在搭建过程中没有拧紧螺丝的问题,然而孩子们对于这个"问题"却有自己的想法——如果螺丝拧得很紧,调整形状时会很不方便!听到孩子们的想法,教师并没有直接指出螺丝太松可能会使作品倒塌,而是默默关注、维护着游戏中的安全,尽可能地给孩子自己发现、解决问题的空间。在作品倒塌前及时进行提醒,避免安全事故。

　　作品的倒塌,既是"意料之外的困难"也是"意料之中的契机",教师组织幼儿进行集体交流,共同解决问题。正是有了对于问题的充分讨论,幼儿才能在后续的游戏中仍然保持高度的热情,充分动手、动脑解决问题。正如教师在反思中提到:"游戏中问题的产生正是推动幼儿发展的契机!正是因为坍塌问题的出现,反而能够使孩子们在建构这种大型工程时对维持平稳、牢固的细节有了更多的思考,比之前有了更丰富、更立体的实践经验。"

《3—6岁儿童学习与发展指南》中提到"成人要善于发现和保护幼儿的好奇心,充分利用自然和实际生活机会,引导幼儿通过观察、比较、操作、实验等方法,学习发现问题、分析问题和解决问题"。教师要聚焦游戏中问题的解决,敏锐地捕捉游戏生长点,更好地支持幼儿深入学习与发展。

在上一个案例中,我们感受到了看似"倒退"的背后其实是幼儿们在解决问题的过程中不断"前进"。接下来,让我们共同走近一座"倒了又倒"的桥,在经历了"被同伴撞倒""自己主动推倒"等过程后,幼儿们不断发现问题、解决问题,终于建好了这座小桥。他们是如何搭建的?在过程中发生了哪些学习?让我们一起看一看。

案例:倒了又倒的桥

年龄段:中班

◆ 观察与发现

幼儿园中的小河水被抽干了,孩子们开始尝试在河中间建桥。豪豪把小积木垒高做成了桥墩,在桥墩上面铺一块长板做桥面,一座小桥就建成了。这时桐桐在旁边不小心碰撞了长板,桥一下子倒了。豪豪看看桐桐,又看看倒了的桥,自己把剩余的桥全部推倒,离开了游戏场地。

图4-3-8 小桥建成　　图4-3-9 小桥倒塌

在游戏后的交流分享中,教师播放了小桥倒塌的视频,孩子们开始寻找小桥倒塌的原因,大家发现桐桐碰倒了小桥,豪豪也提出桥不稳,要换长积木来搭。

孩子们再次尝试搭桥,这次他们采用了与第一次截然不同的办法——在两根圆柱积木上放一块长板。通过不断重复这个过程,他们逐渐建起了小桥。然而搭建到一半,长板没有了,于是孩子们返回取材料。回来时发现有别的孩子在还没搭建好的桥面上来回行走,他们赶紧把桥上的朋友劝回去。就这样,反复几次,桥始终没有搭好,最后豪豪又把桥推倒了。

图4-3-10 换种方式建桥　　图4-3-11 不断走来走去

在游戏后的交流分享中，孩子们讨论了今天的问题，搭桥的孩子提出有很多人来"捣乱"，其他孩子们解释道："我们没有捣乱，只是想走一走，是你们速度太慢了。"在相互讨论中，孩子们得出了新的办法。

孩子们第三次尝试搭桥，敏敏专门负责维持秩序，在桥搭好前不让人通行。其他人开始按照上次的方法搭桥，桥搭了一半，敏敏离开了。此时有孩子开始尝试在桥面上行走，一块长板就掉了下来，孩子们赶紧开始修补。然而还没修好，又有几个孩子来到了桥面上走动，桥头因此倒了一片。

图4-3-12 维持秩序　　图4-3-13 桥再次倒塌

孩子们第四次搭桥，这一次他们在附近加上了未完工的标志，而且有了前几次搭建的经验，孩子们已经非常熟练了，很快就要完成了。然而此时又出现了新的问题，桥离岸边只剩下一点缝隙，但这个距离太小了无法放下桥墩。孩子们先是把长板插在里面，但很快他们就发现长板太高了阻碍通行。在不断替换材料尝试后，孩子们最终选择了用扁积木填缝，这次桥终于造好了，孩子们开心地在桥上走来走去。

第四章　解密行为——探秘成长的可能

图4-3-14　填缝

图4-3-15　桥造好了

◆ 解读与反思

在游戏中,孩子们的造桥工程并不那么一帆风顺,一共经历了三次倒塌。而面对桥的倒塌,孩子们始终没有放弃,一次次寻找原因,解决遇到的问题,最终收获了一座稳固的小桥。

回顾游戏过程,我们可以发现在第一次倒塌中,面对桐桐的"不小心",豪豪在难过之余,还发现了用小木块叠起来的桥墩不稳定的问题,产生了更换搭建方式的想法。在第二次的倒塌中,孩子们发现了未完工的桥需要保护,想出了专人看守的解决办法。在第三次倒塌中,孩子们虽然产生了负面情绪,但依然非常愿意继续挑战。正是经历了前几次的倒塌,孩子们已经能够熟练运用搭桥的方法了,搭建的速度也有所提升,这为后来搭桥的成功奠定了基础。终于,经历了三次倒塌之后,在孩子们的不懈努力下桥完工了,此时孩子们心中的成就感是十分珍贵的。

分析教师在整个搭桥过程中的表现,我们可以看到,教师关注着孩子遇到问题时的情绪状态,多以分享交流、视频回看等方式让孩子自己找到问题所在,让相关的讨论自然产生。同时也与幼儿共情,面对一次次倒塌的桥时,以适当的方式帮助幼儿寻找问题的本源、帮助幼儿建立信心,最终完成桥的搭建。

> 💡 **思考与延展**
>
> 你认为幼儿在游戏中遇到的问题都是有意义的问题吗？是否所有的问题都值得深入推进和思考呢？当幼儿放弃继续解决问题时，是不是每一次都需要教师的介入和支持呢？谈一谈你的看法。

第四节
关注交往与合作

毋庸置疑，游戏对于幼儿的社会性发展有重要作用。在游戏中幼儿自然地进行交往与合作，与同伴、教师进行沟通与交流，通过相互配合、相互协调共同解决问题或实现目标。在此过程中，幼儿逐步积累表达、倾听、认同、接纳、反对、妥协等各种人际交往经验，从而为成为一个合格的社会人打下基础。

交往与合作是重要的社会活动，交往与合作能力也是新时代人才必备的重要素养之一。小组中幼儿相互配合，共同实现相应的目标，在过程中就会产生交流沟通。同时，幼儿表达自己的想法、倾听他人的意见，在交流中不断拓展经验、形成方法、共同达成目标，进而提升交往与合作能力。

教师需要关注幼儿在游戏中的交往与合作行为，同时有目的、有方法地加强幼儿与同伴之间的交流、沟通，并帮助幼儿开展良好的合作，加深对社会交往的体验与感受，进一步提升交往与合作能力。

关注幼儿在游戏中的交往与合作，可从以下几方面着手。

1. 注意幼儿的体验和感受

《3—6岁儿童学习与发展指南》提出：创造交往的机会，让幼儿体会交往的乐趣。幼儿在游戏中不断练习、强化交往与合作的方式，教师需要做的是注重幼儿的体验和感受，让幼儿在游戏中能够体会到交往与合作的成功及快乐，并且引导幼儿在与同伴交往合作的过程中尝试换位思考，理解他人的想法和意图。

2. 要想达到良好的交往与合作效果，幼儿需要掌握一定的人际交往方法，有些方法可以在游戏中自然习得，而有些方法需要教师进行引导

教师可以充分利用游戏后的交流分享机会，鼓励幼儿讲述在游戏中遇到的合作交往困境、问题，在共同讨论中了解、积累交往与合作的方法、经验，从而更好地进行交往与合作。

3. 当幼儿在游戏中的交往与合作不太顺利甚至影响到游戏时，教师要适时判断，并进行有效支持

教师进行支持的方式是多样的，但切忌生硬直白，教师可以尝试用角色扮演的方式进行支持，也可以鼓励幼儿观察同伴是如何交往合作的，通过生生互动的方式习得经验。

4. 教师还可以采用评价的方式让幼儿感受交往与合作的快乐

在游戏评价的过程中，教师需要关注幼儿闪光的"哇时刻"，也需要鼓励幼儿自主开展游戏评价，在评价自己、评价同伴的过程中学习交往合作的经验与方法。鼓励幼儿采用记录、讲述、投票等方式参与评价，在过程中感受到与同伴交往合作的快乐。

5. 在游戏过程中，教师还应为幼儿创设良好的人际环境

以和谐的师生关系、轻松的合作氛围、平等的同伴关系促进幼儿之间的交往与合作。身处于良好的人际环境中，幼儿往往能够更加自然、顺利地开展人际交往，也能够

第四章　解密行为——探秘成长的可能

获得更加愉悦的体验。

在游戏中,幼儿们尝试用积木搭建"马戏城",在搭建的过程中,他们自然而然地产生了分工、合作、讨论、商议……面对搭建时出现的问题,幼儿们充分运用已有经验,在和谐的人际环境中进行协商合作,齐心协力建构着属于他们的"马戏城"。

案例:马戏城诞生记

年龄段:大班

◆ 观察与发现

伟伟、辰辰和轩轩准备一起搭马戏城,他们合作用七块积木围成圆,从下往上依次压缝搭建。搭到第八层时辰辰提出上面应该慢慢变小,他用长木板盖在了圆上,继续进行搭建。辰辰继续垒高,再次搭到第八层时,伟伟和轩轩递上长木板,三人合作完成了由大到小慢慢变尖的马戏城。

图 4-4-1　搭建"马戏城"

三人看看完成的马戏城,并不是很满意,伟伟说:"马戏城太小了!""可以让中间变胖。"轩轩说。"我知道! 搭的时候每一层积木都要往外拉。"伟伟回应道。

说干就干,这次伟伟用三块积木围合成底座,每往上搭一层就往外拉,可是每一次都会发生坍塌。伟伟大喊:"谁来帮帮我!"这时辰辰用手帮伟伟扶住积木,但是随着积木越搭越高,辰辰稍一松手还是塌了。这时轩轩拿来一块积木放在两块积木的连接处,表示要压住才能不塌。就这样,伟伟采用了轩轩的方法,一边压缝一边往上搭,辰辰在旁边说:"我知道了,积木的搭建是有规律的。"

在继续往上搭建的过程中,孩子们依然经历了几次倒塌,但他们互相鼓励对方,还彼此提醒"轻一点"。

随着马戏城越搭越高,伟伟提出:"我们不能一直搭,我们还要封顶!""我们从第八层开始缩小。"辰辰提出了自己的想法。

有了前面的搭建经验,孩子们迅速行动起来。

看着搭建完成的马戏城,孩子们发现:木板长度不够,无法完全封顶。应该怎么办呢?

图 4-4-2 越搭越高

图 4-4-3 继续搭建　　图 4-4-4 木板长度不够

在游戏后的分享交流中,孩子们对这个问题进行了讨论。"一开始我们搭建顶的时候,木板能放上去,可是最后一块木板不够长,搭

第四章 解密行为——探秘成长的可能

不上去,我们就用小木块延长了。这样……"辰辰补充道:"就是把小木块压在长木板的一角。"

◆ 解读与反思

在搭建"马戏城"的过程中,伟伟、辰辰、轩轩三人小组始终保持着良好的交往与合作。在一开始搭建时,三人非常自然地形成了分工,辰辰负责垒高,伟伟和轩轩负责铺木板。面对第一次完成的马戏城,三人都不是很满意,于是自然而然地展开了讨论,在讨论中大家都提出了自己的想法,最后认同了伟伟的想法。

在第二次尝试搭建时,面对封顶的问题,伟伟发出了求助,辰辰非常自然地上前进行帮忙,轩轩也在一旁默默观察,并提出了方法来解决问题,得到了小队成员的认同。在过程中,孩子们始终有商有量,也互相加油鼓劲,还互相提醒同伴小心轻放,最终完成了搭建。

游戏中三人小组表现出了良好的交往合作素养,既能表达自己的意见,也能倾听、接纳别人的想法;既能欣赏同伴的成功,也能勇敢提出自己的质疑;既能主动帮助同伴,也能及时提醒同伴。教师能看到游戏中的交往合作无处不在,这是幼儿社会性发展的重要方面,教师需要关注。

操场上,一群幼儿们正在用积木玩保龄球的游戏,幼儿们有商有量,分工合作,不断调整着保龄球的赛道。在游戏过程中,幼儿们不断交流讨论着,从需要人工捡球到搭建保龄球自动返回通道,处处都体现了幼儿们在交往合作中迸发的无穷智慧。

解码游戏　循迹童心
支持幼儿生长的观察、解读与回应

案例："玩"转保龄球

年龄段：大班

◆ 观察与发现

游戏中，子涵、墨墨、小廖、昊仁想要一起搭建保龄球场，四个小伙伴分工合作，墨墨和昊仁用平铺的方式搭建了一个平台；小廖将多个长方体积木按照多米诺骨牌的排列方式摆放在平台上当保龄球瓶；墨墨把一个圆柱体的积木放在离平台较远的地方，并尝试用一根长条积木连接平台和圆柱体积木。子涵发现两者间的距离太远后，说："我来帮你放近一点。"他主动移动了圆柱体积木的位置，和墨墨共同合作完成架空保龄球道的搭建。

球场搭建完成了，子涵拿来圆柱体积木开始击打"保龄球"，墨墨在一边耐心等待着，昊仁负责扶起被打倒的"保龄球"，几个小伙伴商量好了轮流玩的规则。

玩了几次以后，大家都发现保龄球很难打中。于是，墨墨找来了一块圆饼状的积木，同时滚动两块积木尝试击打"保龄球"，可是依然没有成功。孩子们在讨论中开始尝试调整赛道，子涵提出可以把赛道的一边搭高一些，之后与墨墨共同合作完成了赛道的搭建。

在游戏后的分享交流中，听了四人小组的分享，其他的孩子们纷纷提出了自己的意见。"我觉得赛道在地上更容易成功""我打过真的保龄球，赛道是平的，不是倾斜的""赛道旁边还有放球的地方"，面对大家的意见，墨墨坚持着自己的想法——能击倒木块的就是"保龄球"。

第四章　解密行为——探秘成长的可能

图4-4-5　加入更多"保龄球"　　图4-4-6　搭建坡度赛道

经过上次的讨论，孩子们再次投入到保龄球的游戏中，不过这次是由致远、亦菱、铭铭共同组成了游戏小组。他们用木板搭出了平铺的赛道，但是发现圆柱体总是会滚出去，亦菱提出加宽赛道的想法，但是铭铭认为只需要把赛道两边挡住就可以了。孩子们决定采用石头剪刀布的方法选择改建方案，最后亦菱胜出，他们开始加宽赛道。实际操作后孩子们发现，球能在赛道上滚了，但越打越偏。于是他们又采用了铭铭的方法——在赛道旁放上遮挡物，这一次解决了球滚出赛道的问题。之后，孩子们还搭建了专门存放"保龄球"的区域，越来越多的孩子加入了保龄球游戏。

在游戏后的交流分享中，孩子们为赛道和存放区的设计点赞，但也有孩子提出保龄球存放区有点远，拿球的时候不方便。同时，去过保龄球馆的小廖提出保龄球是"自己滚回来的"，不需要人去拿。这引起了孩子们的兴趣，纷纷表示要建个轨道试一试。

图4-4-7　搭建赛道

解码游戏　循迹童心
支持幼儿生长的观察、解读与回应

这一次游戏前,琳琳画好了保龄球馆的设计图,按照设计图搭建了保龄球运送通道,子涵搭建好了赛道,两人开始玩起来。子涵打"保龄球",琳琳负责将"保龄球"送入传送通道,就这样,两人一直重复着自己的任务直到游戏结束。

在游戏后的交流中,琳琳表达了自己的不开心:"今天是不用到处去捡保龄球了,但是我一直坐着把滚过来的保龄球放到传送通道里再往前推,很累的。"如何搭建一条自动传送通道成为了孩子们讨论的热点问题。

图4-4-8　游戏现场

带着上次交流中的问题,葡萄、珺柠、子涵、佑祺开始了尝试,两个女生负责拿圆柱体积木,男生负责搬运长条木块,然后子涵和珺柠开始搭建赛道,葡萄和佑祺去搬运其他辅助材料。在搭建过程中,孩子们发现一根长条木块不够长,于是他们再加了一根,可是两根长条木块拼接的地方会影响保龄球的滚动。于是他们调整了赛道,只保留一根长条木块,使用三块方形积木垫高长条木块,但这样做之后,保龄球冲下来速度太快会弹起。于是又减少一块方形积木,而这样做之后速度太慢又无法将保龄球推至传送通道的入口。珺柠找来了半圆形的薄积木垫在了方形积木的下面,再次尝试,这次成功地将平地上的保龄球推向通道入口。四人还商定了规则,分别担任保龄球收纳员、赛道修护工、保龄球摆放员、保龄球投手,每玩三次后顺时针交换角色,继续游戏。

第四章　解密行为——探秘成长的可能

图 4-4-9　幼儿游戏现场

◆ 解读与反思

看似简单的保龄球游戏中也蕴含着孩子们的智慧火花,在合作与交往中孩子们不断思考、讨论、相互碰撞,最终共同解决游戏中的问题,玩出自己真正想玩的游戏。

在整个游戏过程中,我们可以看到孩子的分工是非常有序的,无论是一开始的四人小组还是后来的两人组、三人组,都能够为了同一个目标,各自完成自己的任务。同时孩子们还制定了轮流玩的游戏规则,在分工合作中不断丰富着人际交往的经验。

当大家想法不同时,孩子们还会用剪刀石头布的方式来决定,先试试一种方法,不行就再换另一种,始终保持着文明有礼的态度。在每一次的交流讨论中,孩子们也乐于倾听同伴的想法、了解同伴的感受,并且积极动脑筋解决问题。

在搭建自动传送通道的过程中,四名幼儿展现出了非凡的合作智慧。他们井然有序地进行分工,女生搬运圆柱体积木,男生搬运长条木块,在搭建赛道的过程中,从一根长条木块到两根长条木块再到

解码游戏　循迹童心
支持幼儿生长的观察、解读与回应

> 一根长条木块,从三块积木到两块积木再到增加半圆形薄积木,孩子们一次次尝试、一次次调整,最终完成了保龄球自动传送通道的搭建,在交往与合作中迸发出无穷的智慧。

💡 思考与延展

幼儿在游戏中的同伴交往能力很大程度上受到年龄水平的限制,特别是小班的幼儿多处于平行游戏的阶段,还不能很好地去自我中心。面对这种情况,谈一谈你对小班幼儿在游戏中的交往合作的观察与思考。

第四章　解密行为——探秘成长的可能

第五节
把握安全的界限

游戏常常是自由、自主、解放天性的，而在真正实践游戏的过程中，教师的"职责"又让我们时刻紧紧守住安全的底线。真正的自主并不是放任自流，"放手游戏"的同时，也要守住安全的底线。作为教师，如何在充分肯定幼儿游戏自主性的同时把握住安全的界限，这是我们绕不开的课题。教师需要不断反思调整，寻找适宜的方法。

安全是幼儿成长的基石，也是幼儿园各项活动开展的根本条件。即使在自由自主的游戏中，安全也是不可忽视的重要一环。作为教师不仅要守护幼儿的安全，也要培养幼儿的安全意识，提高幼儿的综合行为能力。幼儿有自我保护的能力才能玩得更尽兴。

然而在实践过程中，教师常常在自由与安全之间摇摆，担心过度强调安全限制了幼儿游戏的多种可能，而过度放手自由则导致安全隐患频生。诚然，如何把握好这个"度"并不是一朝一夕能够做到的，这需要教师在实践中不断积累经验、反思行为。据此，本书提出以下建议供参考。

1. 教师需要进一步强化安全意识，防患于未然

幼儿活泼好动、好奇心强，在游戏过程中，有可能发生跌落、碰撞、挤压，同时幼儿服装上的绳带容易钩挂、缠绕在器具物品上，这极有可能造成意外。此类安全事故是可以提前预料的，教师需要具有一定的敏感性，在游戏中有意识地铺设地垫进行保护，检查游戏设施是否有松动、尖锐凸起等，同时关注幼儿服装、鞋子是否适合户外游戏，关注场地中幼儿的密集程度，避免造成拥挤踩踏。

2. 教师需要根据幼儿的年龄特点、身体素质，对幼儿的能力水平进行预估

每个幼儿因年龄、体能等方面的不同都具有个体差异，教师应做出预估。特别是对于病愈、体弱的幼儿，教师需要特别关注。幼儿的自我保护意识与能力也有差异，教师需要充分了解，并在游戏中准确关注。

3. 在游戏中教师可以有意识地利用游戏情境提升幼儿自我保护能力

游戏本身就是对现实生活的模拟演练，在游戏中教师可以有意识地渗透安全教育的内容，帮助幼儿在游戏中获得躲避、急停等自我保护经验，进一步增强幼儿的自我保护能力。

4. 教师应允许幼儿玩有一定"冒险性""挑战性"的游戏

幼儿的避险能力是在实践体验中逐步培养起来的，教师不应一味地为了游戏安全而降低游戏难度或阻止幼儿的挑战，这样幼儿将无法形成真正的规避危险的能力。教师应该看到，在面对具有一定挑战性的游戏时，幼儿本身是具有安全意识的，是具有一定自我保护能力的，教师应充分地观察进行判断。当然，当游戏过于"有挑战性"时，教师亦应相信自己的专业判断，及时保障幼儿的安全。

5. 游戏中，当幼儿出现过激行为、肢体冲突以及存在安全隐患时，教师可以试探性介入

可调整站位以便第一时间保障幼儿安全，提醒幼儿关注可能出现的危险，耐心地理

第四章　解密行为——探秘成长的可能

解安抚幼儿情绪,用开放式提问引发幼儿调整,从而帮助幼儿避免可能出现的危险。

当三角形积木、长方形积木变成了幼儿们手中的"长枪短炮",一场"打架游戏"正在上演,面对幼儿们在游戏中的兴致盎然,如何在保障安全的前提下支持幼儿们的游戏? 当幼儿们不再满足于在游戏中"假假地打",出现了互相扔积木的行为时,教师是否要喊停? 在自由与安全的平衡中,教师是如何做的呢? 让我们一起走进"海盗船战记"。

案例:海盗船战记

年龄段:大班

◆ **观察与发现**

户外游戏中,聪聪端着三角形的积木边跑边瞄准,大声喊着:"砰砰砰!"小何拿着一根长方形木棍对着睿恩挥舞着喊道:"来呀! 开战!"睿恩边跑边喊:"我才不怕你!"果仁生气地对小何说:"你打到我了!"看到此情此景,教师开始思考,在"打架游戏"的背后,孩子们需要的到底是什么呢? 教师问:"你们想玩什么?"小何马上说:"海盗大战!"其他男孩子附和道:"对! 海盗大战!"了解了孩子们真实的需要,于是教师接着继续问:"哦,原来是海盗游戏,那海盗是在哪里开战的?"果仁马上说:"海盗船! 我们得造个海盗船!"于是,一场"海盗船战记"就此拉开帷幕……

孩子们搬来爬网当作海盗船,他们在船上放圆柱体积木当作炮弹,这时子豪端着"枪"直接冲进了聪聪的海盗船,对着聪聪一顿"砰

解码游戏　循迹童心
支持幼儿生长的观察、解读与回应

图 4-5-1　用积木遮住网格

砰砰",聪聪生气地举起拳头大喊:"这是我的船!"教师见状马上说:"你这个船到处都是洞,一下就要被打沉咯。"聪聪喊来果仁,两个人搬来小积木,一块一块地往爬网上叠放,将网格遮了起来。

这时瑞恩又拖来了一个爬网,放在离聪聪的"海盗船"不远的地方,他学着聪聪的样子,也找来很多积木准备搭建爬网上的掩体。对面的"海盗"可等不及了,瑞恩刚刚搭好第一排积木,他们就端着"枪"过来把瑞恩的积木戳下爬网,气得瑞恩大喊:"我还没搭好呢!不跟你们玩了!"教师走过去摸摸他的头,问:"怎么了?"瑞恩说:"我一个人来不及搭呀,他们就来了!""那你有没有快速搭好的办法?"瑞恩马上跑到材料区,拿了长方形大积木,飞速完成了"海盗船"的搭建。

第二天游戏时,孩子们马上搭好了自己的海盗船,开始了战斗。这时子豪端着"枪"从背后走到了聪聪的"海盗船"旁边,一下子冲进去对着聪聪说:"打中了打中了!"果仁一听生气了"哼!你偷袭我们,我也去偷袭你们!"说罢拿起"枪"就跑到子豪的海盗船里"砰砰砰"地开起了"枪"。瑞恩着急地喊:"你不能来!你不能来!这是我们的船!"教师见状,语气夸张地对他们说:"啊!这里

图 4-5-2　用长方形积木遮盖

第四章 解密行为——探秘成长的可能

都是海啊！你们就这样走下去会发生什么事情？"果仁一听马上跑回自己的"海盗船"里说："对呀！要淹死的！"聪聪在两艘"海盗船"中间，每隔一段距离放上了一块小木块，他向大家介绍说："这是我们的战斗浮板！可以浮在海面上！"

正当"海盗们"玩得起劲时，聪聪说："他们朝我们扔积木！差点砸到我！""海盗们"开始开会，聪聪向大家说了扔积木的事情。子豪主动给聪聪道歉了，说完他小声嘀咕了一句："假假地打，真没劲。"教师马上问："你说得也有道理，那可以怎么玩呢？"果仁马上说："我们不要扔积木，我们可以扔运动时候用的纸球！"这个提议得到了大家的一致认可，孩子们找来纸球，大家平分了"弹药"，一场真实又刺激的"对战"开始了。

图4-5-3 纸球对战

◆ 解读与反思

一块三角形积木、一块长方形积木，在孩子们的手中会变成什么呢？结果显而易见，很多时候出于对游戏安全的考虑，这样的"打架游戏"往往会被叫停。面对这样的"打架游戏"，教师开始衡量"安全

解码游戏　循迹童心
支持幼儿生长的观察、解读与回应

的界限"，如何既保障游戏的安全性又能让孩子们玩自己想玩的游戏？教师以提问的方式激发了孩子们造一艘海盗船的想法，这才有了后续的精彩。

然而，在后续的游戏过程中，孩子们继续"游走在安全线的边缘"，陆续出现了"冲进去""举起拳头"等动作，这时教师的作用分外重要。对于教师来说，观察是基本功，更重要的是智慧地化解矛盾。遇到偷袭的问题，以调侃的方式激发孩子完善海盗船；遇到来不及搭建的问题，提出新的游戏挑战，激发孩子快速完成搭建。教师要做孩子游戏的润滑剂，把握好安全的界限，让孩子们的精彩得以延续。

正当战况焦灼时，教师用一个夸张的提问引发了孩子们关于浮在海面上的想象，同时平息了一场"偷袭"的风波，既解决了孩子们在游戏中的矛盾，也支持了孩子们继续游戏。

当出现"扔积木"的情况时，教师并不是一味地批评或因安全考虑停止游戏，而是敏锐地发现孩子们的需要正在改变，他们不再满足于搭建海盗船、假装发射子弹，他们迫切地想要体验"真枪实弹"的感觉。因此，教师牢牢把握住安全的界限，鼓励孩子们想出了替代弹药——纸球，孩子们的"海盗大战"如愿进行着。教师在保障安全的同时，也满足了孩子们"真枪实弹"大战的游戏愿望。

在上一个案例中，我们看到了教师如何巧妙地处理幼儿游戏愿望与游戏安全之间的问题，而在以下的案例中，教师则通过冷静的观察和试探性交流，在保障安全的同时，默默守护、记录幼儿们的"逃脱游戏"。就让我们一起看看幼儿们如何安全地"逃之夭夭"。

第四章　解密行为——探秘成长的可能

案例：逃之夭夭

年龄段：大班

◆ 观察与发现

在户外游戏中，教师观察到十几个孩子在幼儿园的斜坡上跑上跑下，欢笑声阵阵。教师发现孩子们把滚筒推上斜坡，然后往下推，孩子们在滚筒前面跑，滚筒在后面滚动，过程中滚筒"咚咚"地撞击着斜坡的减速带，到了坡底孩子们散开了，滚筒却没有停下。

教师冷静地观察着孩子们的游戏，并尝试与孩子们进行交谈，当教师谈及滚筒的危险性时，孩子们纷纷表示"可好玩了""非常刺激"，当教师反复观察到孩子们没有躲避危险的方法、也没有防御滚筒撞击的措施时，教师叫停了这项游戏。

图 4-5-4　斜坡

第二天，孩子们又自发地开始了游戏，这次孩子们拿来了一白一蓝两个滚筒，他们把两个滚筒一起推到了斜坡顶端，白色滚筒推动着蓝色滚筒向下滚动，孩子们尖叫着往下奔跑。滚筒在滚动时撞击到了旁边的栏杆停了下来，孩子们调整了滚筒的方向，滚筒继续向下滚动，孩子们四散跑开。

随后，孩子们找来三个滚筒，并且商量将第一个蓝色滚筒放在坡

解码游戏　循迹童心
支持幼儿生长的观察、解读与回应

图 4-5-5　三个滚筒

底挡住其他滚筒,游戏开始了,两个滚筒依次往下滚,蓝色滚筒在坡底成功抵住了滚落的其他滚筒,孩子们开心极了。这次,孩子们将三个滚筒推到坡顶,在坡底放了一个滚筒,摆放好滚筒后大家跑上斜坡准备开始游戏,负责推滚筒的孩子大声提醒"准备好了吗",孩子们一边回答"准备好了",一边纷纷向下跑去。但是滚筒并没有滚落,原来是站在坡顶推滚筒的孩子做了一个假动作,大家哈哈大笑,又重新跑上斜坡开始游戏。这一次所有孩子全部成功逃离了。

第三天下起了小雨,场地有些湿滑,孩子们搬来了两个轮胎、一个红色油桶,作为防御装置。孩子们将滚筒从坡顶推下,当滚筒撞击到轮胎时被弹了起来,原本站在轮胎后的孩子们马上离开了。孩子们意识到这样太危险了,于是又增加了两个轮胎,并且提出要进行安全测试。在测试中滚筒撞击到轮胎后停了下来,没有被弹飞,孩子们发出了一阵欢呼,就这样,孩子们玩起了逃离游戏。

◆ 解读与反思

最初在观察到孩子们这样进行游戏时,教师是非常担忧的。但同时教师选择了冷静观察,并调整自己的站位来到了斜坡下,如果有危险发生可以及时阻止。在细致的观察中,教师也尝试与孩子进行对话,了解孩子们的安全意识,当发现孩子们缺乏规避危险的方法、缺乏有效的安全措施时，教师在进行了充分的风险评估后叫停了游戏。

在第二天的游戏中，教师发现孩子们仍然对这项游戏充满热情，于是教师又选择再次观察。在观察中教师发现孩子们自主开始了风险判断。孩子们在坡底放置了滚筒。这样能够大大降低滚筒一直往前滚动从而撞到操场上其他孩子的可能性，游戏的安全系数大大提高。这正是游戏中真实的问题提供给孩子的自我解决问题的机会，而在解决问题的过程中，孩子们体验到了重物从高处滚落时"力"的大小和影响因素，以及力与力之间相互抵抗的过程。同时教师还发现孩子们采用一问一答的形式，在"冒险"前向伙伴们提问"准备好了吗"，以提醒伙伴注意，保证所有人都在高度警惕的状态下参与游戏，保护自己的安全。当孩子们的自主性被充分保障，他们对于每一个所遇到的问题都有自己的想法和策略，因为这是他们自己的游戏。

图 4-5-6 逃离游戏

在第三天的游戏中，教师发现孩子们能够自主设计防御装置，同时在发现原因后及时调整防护装置，并尝试自主解决游戏中可能产生的安全隐患。孩子们能够充分运用自己的智慧去解决安全问题，并在可能的范围内使游戏越玩越刺激。他们很清楚唯有保证自己和同伴的安全，游戏才有可能继续，所以他们会大声向同伴喊话，提醒同伴离开，关键时候询问同伴是否准备就绪，还会不断改变出口的大

解码游戏　循迹童心
支持幼儿生长的观察、解读与回应

小以便于同伴的"逃脱",这正是他们安全意识和自我保护能力的体现。在这样的"逃脱游戏"中,我们可以真切地感受到孩子们的快乐,也能共情于教师初次观察时的担忧。教师始终把握着安全的界限,不断观察、判断着游戏的风险,也用提问、交流的方式提醒着孩子,在充分保障安全的范围内最大程度地放手,让孩子玩自己想玩的游戏。在过程中也发现了孩子们风险评估、测试判断、同伴互助等不同自我保护的方式,看到了游戏中有意义的学习。

💡 **思考与延展**

　　游戏中蕴含着无数学习的契机,可以说游戏也是提升幼儿安全意识的良好契机,请结合游戏活动与安全教育谈谈你的想法与思考。

5

第五章 回应游戏
探寻追随的力量

本章主要阐述当下户外自主游戏中师幼互动存在的问题及成因,以丰实的案例展现教师如何基于观察与解读,从倾听与对话、复盘与反思、支持与调整"三部曲"入手,加深对幼儿的认识与理解,思考、回应幼儿的需要,追随幼儿发展的路径与策略,为"循迹儿童"提供前行的航标。

第一节
倾听与对话

倾听：本书认为倾听是在接纳的基础上，全身心感受幼儿表达言语和非言语信息，通过对信息内容的分析处理，继而做出适当反馈的过程。

对话：本书认为对话是在民主、平等的关系中，在自由、融洽的环境中，教师与幼儿面对面双向交流的过程。这是师幼互动最基本的表达方式之一。

一、倾听幼儿的内涵与要点

（一）为什么要倾听？

基于要求。2022年教育部印发的《幼儿园保育教育质量评估指南》中的关键指标B8"师幼互动"第28条提出："重视幼儿通过绘画、讲述等方式对自己经历过的游戏、阅读图画书、观察等活动进行表达表征，教师能一对一倾听并真实记录幼儿的想法和体验。"

源于需要。从浅层来看，倾听就是细心听取，即教师听幼儿说，从而获取信息。从深层来解，倾听是教师在听取、收集幼儿信息的基础上对信息进行识别、加工，从而理解幼儿、反馈幼儿的过程。倾听可以让教师真实了解幼儿的想法和感受，避免主观判断，以确保回应的准确性与有效性，从而建立和谐的师幼关系。

游戏中倾听幼儿可以帮助教师：

（1）把握幼儿的水平

（2）洞悉幼儿的情绪

（3）了解幼儿的想法

（4）关注幼儿的需要

（5）发现幼儿的困难

（6）反思自身教育行为的合理性与有效性

（7）找到下一步行动的方向

教师需要正确看待和理解"倾听幼儿"的意义与价值，才能不断加深对幼儿的认识，提升自身的教育实践智慧。

> **思考与延展**
>
> 当前部分教师在倾听的过程中仍存在"倾听意识缺乏""倾听能力不足""倾听不全面"等问题，你觉得影响教师倾听效能的主要原因是什么？你有什么经验或思考可以分享吗？

（二）倾听什么？

倾听不是"光听就好"，而是要对信息内容进行处理、加工，并予以回应的。所以教师在"倾听幼儿的声音"时要注意以下几个方面。

1. 倾听"细节"

即不仅倾听语言的细节，同时也"倾听"幼儿的表情、动作等细节；不仅倾听幼儿对游戏场面的描述,还"倾听"让幼儿"印象深""有争议""情绪波动"的细节等。

2. 倾听"变化"

即倾听幼儿解释之前是怎么想的,之后是怎么做的,想与做是否一致,为什么会变化;倾听幼儿以往怎么想的、怎么做的,现阶段又是怎么想的、怎么做的,前后有什么样的变化、为什么会变化等。

3. 倾听"差异"

即倾听不同幼儿的体验与看法的差异;倾听不同阶段幼儿感受、认识和需求的差异;倾听不同幼儿的自主表达能力的差异;"倾听"教师所见和幼儿所想的差异等。

4. 倾听"发展"

即倾听幼儿的"偏误";倾听幼儿的"打算";倾听幼儿的"困难";倾听幼儿的"需要";"倾听"教师可以为幼儿持续游戏、持续发展提供支持的可能。

> 💡 **思考与延展**
>
> ◆ 你认为教师需要制定"倾听计划",预设"倾听的内容"吗?
>
> ◆ 小班沙水游戏后教师开展交流分享。教师问:"小朋友们,今天的游戏你们玩得开心吗?"孩子们回答:"开心。"教师又问:"谁来说一说你玩了什么?发生了哪些开心的事情。"小北高高地举起了手:"我今天玩的是寻宝游戏,我在沙子里挖到了许多宝石。"教师对着所有孩子问:"谁也玩了寻宝游戏?"好几个孩子举起了手,教师接着问:"你们找到宝石了吗?"孩子们有的点头、有的摇头。此时小北对着老师说:"我数过了,我一共挖了十颗宝石,是五颜六色的宝石。"教师夸赞:"你可真厉害,其他的小朋友也可以去试一试。"请问,你觉得教师倾听幼儿了吗? 教师的倾听有效吗? 如果是你,你会怎么做?

(三) 怎么倾听？

1. 语式倾听——听见呼唤的声音

顾名思义，游戏后教师鼓励幼儿围绕"是什么""为什么"和"怎么样"讲述、解释其游戏的体验过程、思考过程，教师通过倾听幼儿的表述，了解幼儿的想法和需要，发现自己与幼儿的距离，明确幼儿的学习与发展现状与方向。

语式倾听中教师需要掌握的关键要点：

(1) 营造安全、宽松、自由的氛围，让幼儿想说、敢说

(2) 提出开放的问题，让幼儿有话说，可以从不同角度说

(3) 提供口语表达上的支持，让幼儿有条理地说、完整地说

(4) 把握跟进的时机，让幼儿说出情感、说出思维

(5) 适时适恰地回应，让幼儿感受到教师在用心听他说，是真的接纳他说的话，从而更愿意说、更喜欢说

《3—6岁儿童学习与发展指南》提出："幼儿的语言能力是在交流和运用的过程中发展起来的。"语式倾听不仅能让教师听见幼儿的心声，同时也能够积极作用于幼儿的发展，提高幼儿语言表达能力，促进幼儿逻辑思维养成，激发幼儿表达的积极性与自信心。

案例：小宇的"公交车"

年龄段：中班

■ **镜头一：散乱的圆盘**

小宇选择了一块比较大的空地，然后搬来很多圆形积木整齐地排列在区域内。他首先摆放了四个，然后在两边分别摆

图 5-1-1

第五章 回应游戏——探寻追随的力量

放了三个、五个圆形积木。

教师的心声：小宇搭建的作品没有什么难度，只是拿了很多相同的圆形积木平铺在地上，也看不出什么规律。

■ 镜头二：奇怪的组合

小宇继续搭建。这一次，他搬来了许多三角形积木。他将四个三角形积木并列横放在圆形积木的后面，抽出其中的两个三角形积木，并将其中一个三角形积木头朝下摆放在两个头朝上的三角形积木中间，又在头朝下的三角形积木上添了一块正着放的三角形积木。就这样，四个三角形积木摆放整齐后就形成了一个大三角形。小宇按照这样的方法，在每个圆形积木后搭建了一个大三角形。直到最后一排，小宇改变了方法，在两个圆形积木的后面放上了一个大三角形。小宇继续搭建三角形，这次他又把大三角形搭到了圆形积木的前面。

图 5-1-2

教师的心声：先是窃喜，这不就是模式排序吗？后是一惊，最后一排的组合又不一样了。接着自我安慰，没事，这个可以是另一种模式嘛——两个圆一个三角形。最后惊疑，难道他不会模式排序？

■ 镜头三：令人惊喜的"公交车"

在交流分享中，小宇开始介绍他的成果："这是我搭的'公交车'。"

解码游戏　循迹童心
支持幼儿生长的观察、解读与回应

图 5-1-3

教师似乎恍然大悟，又似乎心存疑虑，指着面对面的圆形积木和三角形积木问道："这是什么？""这是驾驶座，这里有方向盘。"教师又指着驾驶座旁的空白区域问道："这里为什么空着呢？"小宇说："这里是出口和进口，是上下公交车的！"教师又问："后面和两侧的圆形和三角形是什么意思呢？"小宇一边指，一边数数："这是座位，这边可以坐五个，这边可以坐六个，多的那个是司机。最后是连起来的，可以坐更多人。"教师又问："我还看到你拿了一些正方形积木，你还想接着搭什么呢？"小宇指着驾驶座的空白处说："这里可以搭一个刷卡的地方，也可以放钱进去！"

教师的心声：教师时常会陷入"眼见为实"的误区，可能会过于片面地将目光放在幼儿在游戏中呈现出来的表现及认知上，过于武断地判断幼儿的能力，过于急切地捕捉自己认为的教育契机，忽视了其他关键信息，如幼儿的心理动态、专注投入度、行动变化的特征、对事物的表征等，而这些关键信息除了要更细心地观察，还需要通过倾听幼儿获得。

💡 思考与延展

◆ 你认为什么样的倾听，更能够引起幼儿说的兴趣？

◆ 中班游戏后，教师问曦曦："曦曦，你今天玩了什么游戏啊？"曦曦说："我搭了一艘小船。"教师又问："我看到了，你刚刚在造小船的时候好像遇到

第五章　回应游戏——探寻追随的力量

了一些问题,是吗?"曦曦答:"我的小船船头总是翘起来。"教师追问:"为什么小船船头会翘起来,你找到原因了吗?"曦曦说:"因为小船的一头放的木头太多太重了。"教师又问:"那你解决这个问题了吗? 你怎么做的?"曦曦说:"我让冬冬坐在了小船的另一头,我的小船就可以开了。"教师又说:"除了这个办法,小船还可以怎么调整呢? 下次我们再来试试。"曦曦说:"好的。"请问,你觉得教师的倾听有效吗? 这其中存在什么样的问题?

2. 图式倾听——听见内隐的声音

图式倾听指教师通过对幼儿的表征或作品等分析来客观理解幼儿对事物的认识与想法,以及幼儿的内在感受与内部需求,能够帮助教师发现那些隐藏在幼儿行为、语言背后的秘密,尤其对捕捉年龄小、语言表达能力弱、个性内向害羞、不愿意交流的幼儿的发展信息有着重要的作用。这也能让幼儿找到表达自我的方法,愿意主动分享自己的情感与需求,并在表征与解读表征中进一步认识自我。

因此,教师需要提供充足的时间与空间,鼓励幼儿通过不同形式充分表达表现,为自己的游戏与发展发声。如:

"绘讲"游戏故事,指幼儿主动运用符号抽象地将自己的游戏经历、游戏心情、游戏问题、游戏经验等表征出来。

"录讲"游戏故事,指幼儿主动运用可拍摄的电子设备将自己的游戏过程、游戏成果、游戏问题等记录下来。

显而易见,两者的表征方式不同,适用的情况、对象、作用也不同。"绘讲"游戏故事多应用于游戏后,幼儿对当日的游戏进行回顾,梳理经验,提出问题;"录讲"游戏故事多应用于游戏中,幼儿即时记录游戏进程、留存游戏成果,记录的内容能够帮助幼儿进行分享与回顾。

解码游戏　循迹童心
支持幼儿生长的观察、解读与回应

　　图式倾听帮助教师从不同的"儿童视角"看到更真实、更丰富的游戏细节和游戏矛盾，看见幼儿现在的样子和未来的可能。

案例：车与斜坡

年龄段：大班

■ **场景一：斜坡玩车**

　　泡泡用螺母积木做了一辆单轮车，他带着单轮车来到了教学楼旁的斜坡，反复尝试让单轮车从斜坡上滚下来。然然主动参与到泡泡的游戏中，他在斜坡下放置了三块转角板作为障碍物，想让泡泡用他的单轮车撞击转角板，泡泡欣然接受了游戏建议，开始挑战，但是车还没到坡的中段就偏离了方向。

图5-1-4

　　然然要求也来试试，他将弯钩甩在单轮车后面，用力推弯钩让单轮车往前滚，但是单轮车到了水泥地交界处就倒了下来。"你这样不行，力气太大了，车子不平衡就会倒。"泡泡说。然然减小力气再次尝试，但是单轮车滚了一会儿仍偏离了方向。"咦，为什么还是不成功呢？"然然把车轮的螺丝拧松后继续尝试，车子到了坡中段就晃晃悠悠翻车了。泡泡再次尝试，但车仍然偏离了路线。

图5-1-5

第五章　回应游戏——探寻追随的力量

此时，熙熙带着他用短板和圆形板搭建的两轮双轮车来了，用力将车子往前一推，车子直直地往下滚，一下子就撞倒了转角板，直到碰到然然的脚才停下来。熙熙欢呼起来："耶！我打到啦！"可此时的然然和泡泡既没有表现出高兴羡慕，也没有表现出失败沮丧，泡泡轻声念叨："这也太危险了。"

虽然有了熙熙的成功"示范"，可是然然和泡泡并没有改装车子的意思，仍然执着于对单轮车的探索。这一次泡泡把弯钩调整到前面，对准转角板推动轮子，单轮车直线滚动撞击到了转角板。然然兴奋道："钩子！钩子在前面就行了，泡泡你再来一次。"泡泡拿起车子飞快跑到坡上再来一次，又击中了转角板。

图 5-1-6

教师的心声：单轮车真的能成功吗？如果我针对成功或失败抛出疑问，泡泡和然然会将单轮车进行改造吗？我要介入吗？

■ 场景二：分享发现

游戏结束后，孩子们带着自己的游戏记录来分享。

泡泡说："我和然然今天玩的是单轮车斜坡撞击游戏，一开始钩子在车后面，车子弯来弯去没成功，后来把钩子放到前面就成功了。"教师问："那你们知道为什么钩子在前面车子就能撞到转角板，钩子在后面就不行了吗？"泡泡摇摇头。

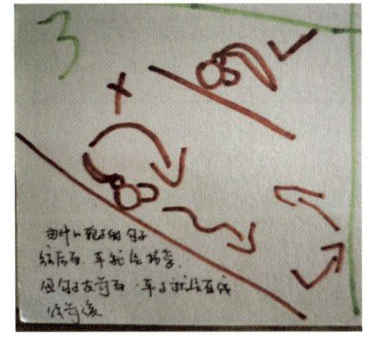

图 5-1-7

解码游戏　循迹童心
支持幼儿生长的观察、解读与回应

教师的心声：幼儿行为成功,不代表认知也相应匹配。要客观地认识幼儿表征背后的认知程度及问题。

然然说:"我今天是和泡泡一起玩的。我发现是一开始钩子在后面拖着晃来晃去,所以车子总是开偏。后来我们把钩子放到了前面,然后直接用手推轮子,一下子用力,车子就直线往前开了用手推钩子是不可以的。"

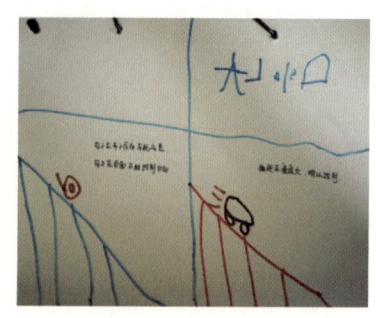

图 5-1-8

教师的心声：不同的表征昭示了不同幼儿对事件的看法,内藏了幼儿的内在兴趣、经验、能力以及未来发展的"方向"。

熙熙说:"我今天玩的是双轮车。它是两个轮子的,开得又快又直,一下子就击倒了障碍。可是大家都说我的车太快了,有点危险。我觉得可以装个围栏或者球洞,让它撞倒后能够停下来。"

图 5-1-9

教师的心声：表征不仅包含幼儿的发现与喜悦,还包含了幼儿的问题与反思,而且隐藏着下一步的计划与可能。

💡 **思考与延展**

◆ 你是怎么理解瑞吉欧将"文字""动作""绘画""戏剧"等各种途径都当作是幼儿表达对世界认识与理解的语言的?

◆ 你认为幼儿进行游戏"回顾"重要吗?请结合你所执教的年龄段,尝试谈谈如何支持幼儿对游戏进行回顾。

◆ 有的教师会疑惑:"年龄越小的孩子表征能力越弱,乱糟糟的画面我根本看不懂表达了什么。"你也遇到过这样的困难吗?请论述各年龄段幼儿表征的特点。说一说教师如何能够在幼儿的表征中找到"有用的线索"。

二、师幼对话的内涵与要点

(一) 为什么要对话?

从生活的本质来看,对话是人们自我表达、沟通交流、寻求理解的一种基本且有效的方式。

从教育的本质来看,对话是幼儿教师开展教育工作的一种主要方式。对话的目的是通过语言、行为、心理等交互保持持续共同思考,建立平等、融洽的师幼关系。

自主游戏中的"对话"指,教师与幼儿在平等、开放的时空里一起沟通、探索游戏中经历的一切。包括交流回顾、内化、重构游戏经验的过程;交换双方自己所持的游戏观念、态度、意见的过程;共同解决问题、建构经验或达成某方面共识的过程。这也是情感互动、分享的过程。

自主游戏中的师幼对话不仅能激发幼儿持续游戏的意愿与兴趣,还能促进幼儿的游戏智慧与游戏自信的发展,同时支持教师构建科学师幼观念,强化教育实践能力,获得职业幸福感。

💡 思考与延展

◆ 你觉得有效的师幼对话特征是什么?

◆ 以对话结果作为标准,我们可以将师幼对话分为"有效对话"和"无效对话"。请结合案例,尝试判断哪些是有效对话,哪些是无效对话?分析影响对话效果的原因是什么。

案例：运水太累

年龄段：中班

第一次： 豆丁到材料库里东找找、西翻翻，拿出了一个小罐子，跑到水池舀了一小罐水，两手捧着盛满水的罐子，一路小跑，也顾不上被弄湿的手，把水递给琦琦："琦琦，给你。""好的，谢谢。"琦琦一手接过小罐转身就往"小树"周围一倒，对豆丁说："这些水不够，我还要更多的水，还有其他树要浇。""噢，好。"

第二、三次： 豆丁立即跑去舀水再递给琦琦，琦琦依然说："这些水还不够，我还要更多水。"这次豆丁并没有直接跑到水池，而是来到材料库，换了一个稍大的罐子，往罐子里装满了水，把它递给琦琦："我装了很多水。"说完就跑到水池边去玩了。

第四次： 琦琦拿着罐子这边浇浇那边浇浇，很快水又没有了。"豆丁，豆丁，豆丁，水又没啦。"琦琦朝着正玩得起劲的豆丁喊道。"知道啦。"豆丁边玩弄着手里的小水壶边回头说道，随后到琦琦那里拿来了罐子，又装满了水给琦琦，急匆匆地跑回水池继续玩，原本的小水壶已经被其他小朋友拿走了，她看到了水池旁的同伴们正在用小船比赛："我也和你们一起比赛。"

图 5-1-10

第五次： 琦琦继续浇水，用小铲把沙子堆成了小山，挖洞、种树、浇水。过了一会儿，琦琦喊："豆丁，豆丁，水没啦。"只见一边的豆丁

第五章　回应游戏——探寻追随的力量

玩得正嗨,不停拿小水桶往轨道里灌水,好让小船开得更快些。"豆丁,豆丁……"琦琦继续叫喊道。"干吗?"豆丁头也不回地大声回答道。"水没啦。"琦琦喊道。听到后豆丁眉头皱了起来,嘴里嘟嘟囔囔地似乎在说:"怎么又没了,我还在玩呢……"但手里的动作却没有停下。又过了不久,琦琦再次叫喊道:"豆丁,豆丁……""知道啦。"豆丁一脸不耐烦地说道。她直接把自己手上的小桶灌满了水,送到了琦琦那里。"我还在玩呐。"豆丁不太高兴地说道。

第六次:又过了一段时间,琦琦拿着空罐子又喊:"豆丁,豆丁……"豆丁正在玩开小船。"豆丁,豆丁!"琦琦继续叫喊道。豆丁还是没有回应……琦琦转过头看到了我:"张老师,豆丁不肯帮我运水。"

游戏后,教师分别与两名幼儿发起了"对话"。

表 5-1-1　教师与两名幼儿的对话

琦琦	豆丁
教师:你喜欢今天的游戏吗? 琦琦:喜欢,又不喜欢。 教师:为什么这么说呢? 琦琦:本来说好豆丁运水,我来种树的,后来她都不运了。	教师:豆丁,你为什么不帮琦琦运水了呢? 豆丁:我还要自己玩呢。我已经运了好多次了。 教师:那你喜欢今天的游戏吗? 豆丁:喜欢啊,我喜欢小船比赛。 教师:种树你喜欢吗? 豆丁沉默了一会儿,说:运水太累了,我都跑了好几次了。 教师:有什么办法不用来回跑,又可以运水呢? 豆丁看了看教师,沉默不语。

（二）对话什么？

高质量的师幼对话需要建立在"倾听儿童心声""尊重儿童主体"的基础上。自主游戏中师幼对话应该主要指向以下几点。

1. 对话"需求"

即教师以"我想知道你想知道（需要）什么"为目的开启师幼对话，师幼共同分析、了解游戏需求、身心需求、学习需求、生活需求等是否得到满足，理解延迟满足的原因，找到"发力点"。

2. 对话"经验"

即教师以"我想知道你知道什么"为目的开启师幼对话，师幼共同辨析"我知道的"和"我发现的"有什么不一样，为什么会不一样，继而了解"最近发展区"，联结新旧经验，弄清思维方式与特点，找到"增长点"。

3. 对话"情感"

即教师以"我想感受你的感受"为目的开启师幼对话，师幼共同交流分享游戏的精彩时刻、游戏的体验，探讨如何应对游戏中的不开心、解决矛盾等，找到"生发点"。

4. 对话"发展"

即教师以"我想知道你希望我为你做什么"为目的开启师幼对话，师幼共同分析还有哪些方面需要继续努力，可以怎么做，就发展方向和发展路径达成共识与合力，找到"着力点"。

案例："熠熠"生辉的金茂大厦

年龄段：大班

丫丫、宸宸、洋洋、硕硕从材料车里找出了长板、圆柱、砖块等材料

第五章　回应游戏——探寻追随的力量

开始搭建,很快他们四个就搭出了一座房子的雏形,边搭边说:"我们要造一座'金茂大厦'。"搭了一会儿,路过的柒柒问:"你们搭的什么呀?"硕硕答:"金茂大厦。"祺祺摇摇头:"你们的房子没有什么特别的,你看我搭的房子,有桌子有椅子,累了还可以来休息。"丫丫不服气了:"谁说我们的'金茂大厦'不特别,它会有很漂亮的灯光,可以看夜景。"洋洋指着他们的"金茂大厦"补充:"你看这些洞里都可以装上灯!"可是直到游戏结束,也并没有看到有灯光。

图 5-1-11

交流分享时,教师问:"听说今天的'金茂大厦'有好看的灯光?谁能来分享一下?"洋洋兴致勃勃地举手介绍:"这是我们今天搭的'金茂大厦',这些积木的洞里可以装上彩灯,就可以看灯光秀了。"一旁的孩子急了,问:"可是,你们的洞里没有装彩灯啊!"洋洋回答:"我们试了一些小木棍,放进去洞就堵住了。"丫丫补充:"堵住了就没有光了,所以我们就让洞空着了。""光照进来的时候,房子上面有很多小圆点,就像家里的灯,很好看。""那你们又是怎么想到要给大楼装彩灯呢?"教师又问道。宸宸特别自信地说:"彩灯特别漂亮,亮起来的时候很远的地方也能看到,一看就知道是上海的'金茂大厦'啦!"

教师的心声:开启话题不是急着与幼儿"对话",而是先通过对话达到"倾听"的目的,了解"幼儿在哪里"。从幼儿对装不装"灯"这件事来看,首先,幼儿有属于他们自己的独特思考,相比还原"灯泡",他们更喜欢"自然光"所带来的透彻、斑驳的光影，因为这勾起他们对"灯"和"家"的联系，所以在他们的心里"此时无灯胜有灯"。其次，幼儿并没有执着于复刻"金茂大厦"的外形，而是以"灯光"诠释他们对"美丽的上海"的理解，对"城市地标"的认识。

💡 思考与延展

◆ 你如何理解"平庸的教师只是叙述，好的教师讲解，优异的教师示范，伟大的教师启发"这句话的内涵？

◆ 请尝试结合案例，从"对话的目的指向""对话中幼儿的回应状态""对话中教师对幼儿的回应""对话中师幼契合程度"四方面谈谈你对高质量师幼对话的想法。

（三）如何对话？

自主游戏中"倾听孩子的声音"是关于对话的内涵表现，更是开展对话的前提。师幼对话的形式多样，应依照对话内容及幼儿需求决定。语言作为对话的主要媒介，案例"'最好玩'的水上滑梯"将探讨如何让师幼对话行之有效。

1. 轮式对话——追求真实的对话

一是指师幼之间的对话犹如抛接球，要有连续地、来回地抛出与接收的过程。二是指师幼对话在频率上应呈现轮回、持续的过程。

轮式对话讲究：

第五章　回应游戏——探寻追随的力量

（1）建立双向对话的机制。即教师不再是话题的唯一发起者，而是鼓励幼儿主动发起对话"议题"，围绕议题阐述游戏的经过，抛出自己的问题，提出自己的看法；教师不再是话题的唯一终结者，而是通过持续追问，如"你觉得为什么会这样？""你为什么这么想？""还可以怎么做？""有没有更好的办法呢？"等支持幼儿持续、深入地思考。

（2）强调对话结果的应用。即避免"说归说、做归做"的状况，更强调对结果的应用与反馈，关注对话后幼儿的再行动，以及教师的再跟进。简单来说，就是师幼对话不止一次，而是连续地、反复地开展，以确定幼儿的理解与接受程度，以及发现幼儿游戏"变与不变"背后的新想法、新问题、新需求等，帮助幼儿在循环的对话中增强自主推动游戏深入的思考力、行动力、自信力。

简而言之，轮式对话强调对话有互动性和连续性，真正改变了单向输出、高控为主的师幼对话现状。

案例：滑梯改造记

年龄段：大班

■ 场景一：木板"4＋1"——简易滑梯

睿睿、鑫鑫和小艺组成搭建小队，睿睿拿出设计图，开始安排两个伙伴的工作任务，"你们去搬四块窄的木板来吧，我去搬板凳。"鑫鑫和小艺马上"执行任务"，三人将找到的材料放在草地上。此时，睿睿又指挥道："怎么放地上，要放在楼梯上面。"她指了指草地旁的阶梯。鑫鑫和小艺表现得很配合，鑫鑫将一块板放在了第一层，小艺将一块板放在了第二层，可睿睿并不满意，马上叫停说："不对，不对，你们放错啦，要放在最高的第三层呀！"鑫鑫和小艺有点"懵"，看着放好的木板,一时间没了动作。睿睿见状,拿着计划图给两个伙伴解释:"我们要搭的是水上滑梯,板凳放在最下面,从上面滑下来就可以穿过板凳下面,很好玩的,我在水上乐园玩过。"鑫鑫回应:"原来是这个样子,刚才我不知道。"小艺也点了点头。说完三个孩子一起动手完成了最后的搭建,并在睿睿的提议下放上了板凳作为"休息区"。滑梯完成了,鑫鑫玩了一会儿就走开了,只剩下睿睿和小艺。

图 5-1-12

游戏结束后,教师和睿睿进行了对话。

教师问:"今天你玩了什么?"

睿睿答:"我今天搭了水上滑梯,是用四块窄木板拼在一起搭成的。"

教师问:"是你一个人完成的?"

睿睿答:"是我和鑫鑫、小艺一起搭的。"

教师问:"你们在一起玩的时候遇到问题了吗?是什么问题?"

睿睿答:"她们的木板放错了位置,我跟她们说了,后来就放好了。"

教师问:"她们为什么会放错位置,设计图是你们一起设计的吗?"

第五章　回应游戏——探寻追随的力量

睿睿答:"是我设计的,她们一起来搭。"

教师问:"那怎么样才能够让大家都知道怎么做,让搭建更顺利呢?"

睿睿默默地想了起来,并没有马上回复。

教师又问:"今天还遇到其他什么问题吗?"

睿睿答:"今天就我们三个玩,滑来滑去没什么劲。"

教师问:"那你有什么办法让滑板游戏更有趣吗?"

睿睿答:"我想用高的木架子、高凳子来放板,滑下来就快了。"

教师应:"让游戏变得更有趣,这是个好方法。那么其他小朋友会不会也有好方法呢?"

睿睿答:"我去问问他们。"

教师的心声:游戏中我们时常能遇到一些"主导型"幼儿,他们有主见,有能力,往往处于游戏的核心,决定着游戏的走向,引导着游戏的进程。但是这类幼儿往往陷入"自我中心",缺少沟通协商的意识,容易忽视同伴的感受,从而在游戏中或面临"无人选择",或遭遇"我不和你玩了",又或多和"被动型"幼儿组队。此时,教师需要通过"对话",帮助幼儿察觉自己在群体活动中的角色,觉察自身行为可能对同伴或游戏产生的影响,从而不断调适自己。

■ 场景二:板凳/梯子/木板/高架子——水上滑梯

游戏中,睿睿与思涵成为了新搭档。活动一开始,睿睿率先找起了材料。睿睿首先找到了一个四角形大木架,可是怎么搬动又重又大的木架呢?睿睿向老师进行了求助。在睿睿的"指挥下",老师把

图 5-1-13

大木架搬运到了指定位置。睿睿又对思涵说:"思涵,我们搭个高高的滑梯,好吗?"思涵说:"可以呀。我们去搬梯子,在木架上放几个梯子,就可以爬上去、爬下来啦。"睿睿说:"可是这是滑梯呀,需要一个滑道,我们可以放一块木板。"思涵觉得很有道理。她们一边说一边搬,两个孩子不一会儿就搭好了梯子和木板:"这样滑下来好刺激呀,哈哈!"思涵玩得起劲,睿睿左右看看,又去搬窄木板。"你干吗要搬木板?"思涵不解:"这是水上滑梯啊,当然要有大水池了,滑下来就到水里啦。"睿睿肯定地说,思涵一想也对,两人一起用四块板围成了方形,又搬来高架子和小板架作为"跳水台",她们越搭越多,吸引了许多同伴来体验。

游戏结束后,教师又和睿睿进行了对话。

教师问:"今天你玩了什么?"

思齐答:"我今天和思涵一起搭了水上滑梯。"

教师问:"哦,今天的水上滑梯和昨天的水上滑梯有什么不一样?"

睿睿答:"今天的水上滑梯更好玩,有更多的小朋友来玩了。"

第五章　回应游戏——探寻追随的力量

教师问:"你觉得今天的水上滑梯好玩在哪里?为什么能吸引到大家?"

睿睿答:"我们今天的水上滑梯,用了高架子,还造了三条通道,两条是爬上去的,一条是滑下去的。滑梯滑下来很快、很刺激。我们还在滑梯滑下来的地方搭了一个方形的水池,小板凳是跳水台。"

教师问:"这些都是你一个人想出来的吗?"

睿睿答:"不是的,是我和思涵一起想出来的。玩的时候小朋友提意见,我们也会改。"

教师又问:"那么今天的游戏中你们有遇到什么麻烦吗?"

睿睿想了想,答:"游泳池有点小,旁边还有跳水的人,滑下去的时候会撞到,有点危险。"

教师问:"那你准备怎么解决呢?"

睿睿答:"我想可以把游泳池造大一点,我要和思涵再商量一下。"

教师的心声:幼儿在游戏中的"样子"让人着迷,为了实现游戏的目的,他们专注且投入,自信又谦逊,虽然骨子里的"我想"会让他们"先行一步",但"让游戏更好玩"的目标会让他们尝试"缓下脚步,牵起同伴的手""打开耳朵,倾听同伴的声音"。游戏对幼儿的影响是在潜移默化中发生的。师幼的持续对话不但是对幼儿"改变"的肯定,更是帮助幼儿理解自己是如何"改变"的,让幼儿感受到"改变"的意义,从而形成内在的发展动力机制。

> 💡 **思考与延展**
>
> ◆ 我们发现,在交流分享中教师往往忽略幼儿的突发性问题,按部就班地执行预设。你觉得幼儿的突发性问题是否具有价值?尝试反思你是否也存在相同的经历,你是如何做的?
>
> ◆ 教师对幼儿的回应基本表现为"无情感的平移式复述""情感认同式的回应""有情感的拓展式回应",请判断你当前属于哪种类型?分析存在的问题及下一步的行动计划。

2. 群式对话——追求多维的对话

指一名教师同时与多名幼儿对话;多名教师与幼儿同时对话;幼儿与幼儿开展对话等群体性过程。

群式对话讲究:

(1)扩展对话内容的宽度。即鼓励参与对话的个体基于自身的游戏经验,从不同视角交流对游戏的认识与感受,共同分享、切磋、建构游戏经验。如从身份视角进行对话,包括游戏者视角和观察者视角;游戏发起者视角和游戏参与者视角等。又如从内容视角进行对话,包括情节演进、问题探索、情感体验、交往冲突、环境影响等。群式对话旨在突破对话内容的局限性,帮助教师听到"不同的声音",收集更多的信息;引发幼儿从更多角度思考游戏,并从游戏伙伴的视角获得更多方面的启示,通过幼儿影响幼儿。

(2)分解对话内涵的智慧。群式对话要求教师在发现"孩子们对什么感兴趣""正在探索些什么""他们是如何探索的"的同时,继续横向思考"孩子们感兴趣的都一样吗""探索的方式都一样吗""探索的结论都一样吗";纵向思考影响幼儿个体发展的因子,包括个性气质、发展节律、学习特点、家庭背景等,帮助教师真正理解、把握"幼儿为什么感兴趣""为什么这么做""为什么这么理解"。此外,群式对话也让幼儿在共同对话中考虑

第五章　回应游戏——探寻追随的力量

"我在做什么""我为什么这么做""我做成了什么",了解"别人在做什么""别人是怎么做的""别人做成了什么",通过比较丰实经验、开拓想法、优化做法,成为自我成长的主导者。

群式对话让对话主体更多元、对话视角更完整、对话内容更丰富,推动幼儿的游戏经验、游戏水平向更高的方向发展。

案例:滑索大冒险

年龄段:大班

■ 场景一:滑索新姿势

游戏开始了,孩子们兴冲冲地准备去玩滑索。笑笑邀请乐乐:"我们一起玩滑索吧!"乐乐拒绝:"我不想玩了。我每次滑到一半就滑不动了,没意思。"

教师发现很多小朋友在玩滑索时都遇到过这个难题,"滑不下去"的问题让很多孩子都放弃了游戏。于是,教师就组织孩子们开展了一场关于"如何从头滑到尾"的讨论。

教师问:"滑索游戏中总是还没到终点,滑索就卡住了,这是为什么呢?"

有孩子答:"那是因为我们太高了,脚会碰到地上,我们可是大班的孩子了。"

有孩子猜测:"可能是因为我们吊在上面太重了。"

教师又问:"你们知道滑索索道由哪些部分组成的吗?"

辰辰:"把手,滚轴。"

教师再问:"它为什么能滑起来呢?"

孩子们默:"不知道。"

教师提议:"或许了解了索道,就能滑得更顺利呢。"

接下来的几天,孩子们自发地来到了滑索旁研究。有的孩子发现,索道里面有个卡槽,三脚架下有一根绳子,它连在旁边的滚轴上进行滑动;有的孩子尝试一边拉动滑索,一边观察滑索滑动的样子,发现速度太慢会滑不动,滑索会卡住;也有的孩子发现物体太重也会导致滑不动等。

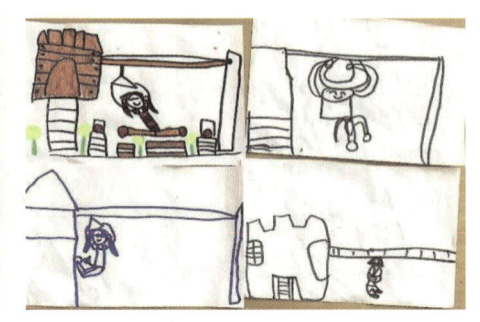

图 5-1-14

图 5-1-15

根据以上发现,孩子们对下一次的滑索游戏有了新的设想。在计划中提出了"那我们滑的时候把腿抬高不就好了""我用脚一蹬就滑起来""我在滑之前会助跑,这样增加冲击力"等各种各样的新办法。

教师的心声:当幼儿"止步不前"时,需要明确他们是真的没有兴趣了,还是被某些原因绊住了前进的脚步。"集体对话"是为了鼓励幼儿表达最真实的内心感受(想不想继续),支持幼儿提出影响到行动的问题(自我发现问题),启发幼儿回归症结的根源(自主解析问

第五章　回应游戏——探寻追随的力量

题），找到解决问题的方向和办法（主动寻找答案）。

■ 场景二：滑索障碍物

经过上阶段的调查和尝试，今天孩子们计划采用不同的抬腿姿势，助跑等方法成功实现"一滑到底"的计划。试了几次后，有的孩子说："我跑了几下，这次没有卡住。"有的孩子不顺利："太难了，我总是忘记抬腿。"还有的孩子附和："我想着抬腿，但是用不上劲。""我感觉自己使劲了呀，腿还是没抬起来。"

此时，乐乐提出了建议："不如我们在滑索下面设置障碍吧？"有的孩子不解："为什么呢？"乐乐解释道："在滑索下面设置障碍物，这样我们就可以提醒自己要抬腿，不要碰到了。"孩子们觉得这个办法可行，纷纷去找"障碍物"了。他们找来了垫子，放在滑索下当障碍物。果然，成功"一滑到底"的人越来越多了。

图 5-1-16

游戏后，孩子们在一起分享游戏体验。又有人提出了新问题："搭建软垫耗费时间多，有时候不小心踢到，又要重新搭建，排队等待时间长怎么办？"就这样围绕"还可以用什么材料来搭建障碍物"，孩子们展开了热烈讨论。

有孩子说："可以放积木，积木搬起来方便。"

有孩子说："可以用纸箱，纸箱很大，也很轻，搬起来不累。"

图 5-1-17

有孩子说:"可以试试用万能工匠做障碍物。"

有孩子说:"牛奶罐子应该是一个不错的选择。"

......

除此之外,孩子们还针对一些其他问题提出了调整建议。如搭建障碍物时应该所有的小朋友共同搭建,以节省时间。可以给小朋友编号,大家按序号排队,保障游戏秩序,排在后面的可以先去玩别的游戏,叫到号码再过来玩。规定搭建时间,由一个小朋友进行倒计时,倒计时结束后不管搭建是否完毕都应该撤出场地等。

教师的心声:游戏中积极投入的幼儿会主动进行群式对话,在对话中抛出问题,与同伴积极沟通,在经验的交互中找到解决问题的思路、方法。在这个过程中幼儿不是"来者不拒",而是在不断地收集经验、比较经验、重组经验过程中做出决策,找到"最优解",拓展"最新点"。

■ 场景三:冒险大升级

滑索游戏又开始啦。这一次,孩子们自行分工协商,分成了两队。有负责搭建障碍物的"施工队",还有专门负责排队秩序的"管理员"。此外,孩子们依据自己的计划,充实了索道上的材料。并改变

图 5-1-18   图 5-1-19

第五章　回应游戏——探寻追随的力量

了游戏方式,从"跨越障碍物"到"踢倒障碍物"。

"施工队"的孩子开始动工了。"我搭的障碍物是城堡,让他们来炸我的城堡。""我要搭很长很长的城墙,看他们能不能一下子击倒所有城墙。""可以把那些材料横过来搭,这样就需要用力劈叉才能把他们都踢倒。"在搭建的同时,孩子们不断设想踢倒不同障碍物的滑索新姿势。

教师的心声:群式对话不一定是一种"正式对话",它发生在幼儿与同伴每一次的碰撞、协商中。幼儿在自然真实的情境中商讨游戏规则、游戏内容、游戏问题,有助于教师捕捉到客观的、多元的信息,从而更理解不同幼儿的发展水平、对事物的认识差异及情感态度。幼儿和幼儿则能够更为顺利地达成共识。

■ 场景四:冒险大升级

经过几次游戏后,霏霏将一个皮球带到了滑索上,她说要带着球一起玩滑索,还说要把皮球投到圈圈里,就像她看到电视里的飞人一样。于是,几个孩子一起去拿了呼啦圈摆在绳索下。霏霏带着她的

图 5-1-20

球开始了挑战,可是无论霏霏如何小心翼翼地投球,皮球总是会滚出呼啦圈,而且滚得很远。孩子们尝试调整呼啦圈的位置,可是收效甚微。就这样游戏的大部分时间都用在捡球和摆放呼啦圈上。

孩子们又围在了一起讨论。妙妙说:"我们投球的时候轻一点吧。"笑笑指出:"但是如果投不中,球还是会跑呀!"试了很多次的霏霏说:"这个呼啦圈太矮了,所以球总是跑,要不试试轮胎吧。"孩子们

决定去试试,他们搬来了几个轮胎,依次排成了一排,开始带球滑越索道。经过几轮尝试后,他们发现这个方法确实不错,球不再滚出去了,而且轮胎也不会一直移动。但是投中球的次数并不多。

活动结束后,老师和孩子们共同就"为什么球投不进轮胎里"展开了对话。

幼儿共同梳理讨论不进球的原因,商量讨论怎样更容易进球的好方法。

表5-1-2　幼儿讨论原因及调整方法

投不进球的原因	调整方法
球很滑,夹不住	夹在鞋中间,双腿使劲并拢;换其他材料
轮胎和滑索错位	将轮胎和滑索摆在一条线上
滑行速度太快,不能把握投球时机	双人滑减缓速度;注意力集中,在轮胎前一点点投
腿抬不高	摆不同高度的轮胎供大家选择

幼儿围绕"滑索道还能玩什么好玩的游戏呢?"展开畅想。

教师的心声:幼儿通过集体对话,不但能够回顾"发现问题——提出猜想——行动验证——解决问题"的探究过程,更能在分享中梳理共性经验、丰富个性经验。此外,对话的过程还能激发新灵感,刺激游戏兴趣,促进新的思考。

图5-1-21

第五章　回应游戏——探寻追随的力量

> 💡 **思考与延展**
>
> ◆ 请谈谈群式对话对实现师幼由"交流"走向"交心",由"个体语库"走向"共同语系",由"经验传递"走向"自主建构"的价值与作用。
>
> ◆ 你会担心群体经验的共享让幼儿的游戏及发展呈现出模式化样态吗?你觉得如何实现幼儿游戏及发展的"各美其美,美美与共"。

综上所述,幼儿的游戏内容是丰富多元的,游戏过程是自由多变的,幼儿在游戏中的表现更是灵动多样的。在自主游戏中,教师首先需要建立平等的对话环境;其次选择幼儿能够理解的语言和方式进行对话;再次,尽可能多地接收、判断幼儿传递的信息,基于儿童视角捕捉对话中呈现的幼儿游戏中与自然状态下的差异;最后,给予幼儿相适应的回应及支持。

第二节
复盘与反思

复盘：是回到"过去的路口"，重新决策和细研；也是反思，换一种视角，重新去理解自己的所作所为。

一、复盘什么？

一是复盘幼儿游戏。当教师看不懂幼儿的游戏行为时，回溯幼儿游戏视频，仔细捕捉不曾关注的细节进行解读，如对个别幼儿的跟踪解读、对本班幼儿当前游戏兴趣点的解读、对游戏材料与幼儿发展关系的解读，从而看到幼儿由浅入深的学习过程以及各领域是如何发展起来的。我们经常把幼儿的能力划分观察、实验、反思、解释等种种能力，但通过复盘我们发现幼儿的这些能力并不是割裂的，他们的学习过程其实是一个连续发生、整合性的过程。

二是复盘教师行为。游戏后，教师与幼儿对话时用拍摄视频的方式记录自己的教育行为。通过复盘我们不断回味与幼儿讨论过的话题，从中寻找到他们在游戏当中学

第五章　回应游戏——探寻追随的力量

习与发展的证据链,如他们在经历怎样的探究之后,获得了怎样的能力,他们在经历怎样的矛盾冲突之后,对什么问题有了怎样的思考……而看到这样的证据链,有助于教师更好地反思自己的支持教育行为是否有效。

案例：三次笑容的背后

大班教师通过视频复盘自己与幼儿在一对一倾听时的对话,意外收获幼儿的三次笑脸。教师从视频中看到幼儿在讲述中出现了三次笑容：分别是在视频开头时幼儿说"今天玩了很多游戏,我的纸都画不下了"、幼儿画了一个禁止的符号时以及结尾时幼儿介绍今天和谁一起玩。而教师观察到自己在"奋笔疾书"时却忽略了与幼儿进行眼神交流和情感互动,教师对错过如此生动的幼儿懊恼不已,也因此感悟到应该追随幼儿的兴趣,带着好奇去多形式回应,关注幼儿的情感体验。

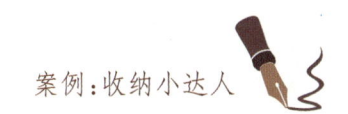

案例：收纳小达人

教师在多次复盘幼儿收拾整理积木游戏的视频后,发现幼儿们已经养成了合作收纳的习惯,也积累了按图片标识归类摆放的经验。但是随着积木数量和品种的增多,每次都会遇到时间来不及、积木放不平、收纳橱关不上的问题。于是教师通过设计集体学习活动"收纳

> 小达人",鼓励幼儿们充分调动在转换与组合方面的已有经验,不断操作验证,解决收纳中的实际问题。

二、复盘的方法

教师可及时导出影像资料,可按幼儿个体、游戏材料、游戏主题等建立文件夹分类整理,复盘时研究分析影像资料。

这类资料能让教师发现真实的幼儿,看到幼儿成长的每一步;构建家园沟通的桥梁,用每位幼儿的游戏、生活视频或照片来让家长感受到老师的用心;记录探索的路径,有机会去复盘与反思如何做得更好;保存研究的实证,帮助教师更好地开展行动研究。

教师除了建立游戏文件夹复盘,还可结合班级一日活动将自己的理解划分为几类具体的事情,然后把每一类事情梳理成一个文件夹,以此来过程化地自我管理,包括点心牌、个人阅读笔记、来园点名牌、棋类记录、天气预报、游戏墙、自然角、作品展示等。如,教师对天气预报文件夹的前后记录进行对比后,发现了幼儿的多样表征,还能判断怎样的记录纸是比较适合幼儿的。通过文件夹进行资料整理复盘能帮助教师在重温中发现问题,学会自我反思和学习,从而改变教育观。

三、反思的价值

研究儿童、理解儿童是教师的专业基本功,而教师每一步的成长都离不开深刻的反思。以反思性实践逐步更新对儿童、儿童学习、环境价值、教师角色、教育生态的认知,教师从被动转为主动,不断在反思自己教育行为和研究儿童中挑战自我,获得专业自信,进而达到更高的专业发展水平。

第五章 回应游戏——探寻追随的力量

案例：气温统计墙

中班教师发现班级孩子经常围绕"气温测量"这个话题开展讨论。这让教师开始思考：可否创设气温统计墙来满足幼儿的兴趣，支持他们获得更多的经验呢？教师开始时创设了一周最低气温统计墙，随后反思：幼儿统计气温的意义是为了让幼儿在日复一日的感知、记录、比较中了解季节变化的周期及顺序。于是，教师随即对气温统计墙进行调整，设计了一周最低、最高气温统计表，并且预估了当季的最低气温和最高气温以及设置气温区间。但投放气温统计表后，教师又进行了反思：怎样帮助幼儿通过气温统计表清晰地了解不同季节气温的变化呢？怎样设定更合理的气温区间值呢？在第三次调整后，将周统计改为月统计，把气温区间设置调整为-10℃到40℃。在之后对幼儿活动进行连续观察后，教师继续思考：如何支持幼儿感知并了解一年的气温变化规律及季节周期性变化规律，并对气温统计表中的时间跨度进行相应的调整。

案例：坍塌的"砖山"

■ **场景一：无人问津的"砖块"**

在砖头材料区，教师观察到有的幼儿拿了零星几块砖作为材料进行游戏。而有的幼儿压根没有拿取砖块，而是在"砖山"附近拿取别的材料进行游戏。

教师的思考：幼儿之所以对砖块材料不感兴趣，可能是因为在熟悉新的场地、新的材料，也许再等几天便能看到教师所期待的作品。

■ 场景二："砖块"不好玩吗？

经过几天的观察，幼儿依旧没有出现教师所期待的游戏行为。但此时在"砖山"上"爬山"的孩子较之前多了不少，而且他们手上还会拿着一根棍子，杵着棍子上上下下，并且还会从不同的位置上上下下。

教师的思考：为什么幼儿对砖块材料不感兴趣？是不是要在分享交流的时候引导一下幼儿，拿出示范图片给他们看？

图 5-2-1 　　　　　　　　　　　图 5-2-2

■ 场景三："砖山"坍塌了

原本整齐的"砖山"上的砖块不停地被孩子们往下推、踢……"砖山"开始不停地坍塌，但幼儿依旧在那里不停地上上下下，人越来越多。

教师的思考：他们到底在干什么？那些把砖块从上往下扔的幼儿是否在漫无目的地"破坏"？是不是应该制止幼儿们的那些"危险"行为？

第五章 回应游戏——探寻追随的力量

教师的思考：在某天的游戏中，在好几个幼儿的口中都听到了"登山"这个词，教师带着疑问与好奇开始思考他们是什么时候开始玩"登山"游戏的？基于一种怎样的契机？是材料引发的吗？他们的"登山行动"经历了怎样的过程？登山时为什么要把砖块都弄倒，堆砌整齐的砖不是更像山吗？

于是，翻看了幼儿之前所有的记录后，开始复盘。疑惑也一一解开，原来幼儿一直都在玩"登山行动"，而且，随着游戏的持续深入，"登山行动"也是有层次性的。同时，幼儿们更是刷新了教师对于"安全预估"的认识！

■ 发现一："登山行动"开始啦！

第一天，孩子在"砖山"上爬上爬下，但是只有很少的孩子在玩，而且是沿着右手边的扶手爬上去，首宸一只手拿着棍子、一只手扶着右边的扶手

图5-2-3

往上爬。首宸爬上去以后对一旁的天宇说："你帮我拿一下这块，我有恐高症！我要下来了！"他右手拿着棍子挡在胸前，左手在身后扶着砖块，从没有扶手的一边下来，和欣怡说："你看我的登山杖！"他一边跳下来一边捡起地上的和他手中一样的棍子递给了卓轩："拿好登山杖！"

教师的思考：面对新的材料，有的幼儿直接用肢体去探索、有的幼儿静静地观望、还有的幼儿在玩的过程中"量力而行"，比如首宸选择从有扶手的一边上，并为自己选择了增加安全系数的"登山杖"协

助爬行,寻求同伴帮助,降低砖块高度以保障自己的安全,还给自己鼓劲加油!

■ 发现二:"登山行动"进阶了

图5-2-4　　　　　　　　图5-2-5

第二天,孩子们又在进行他们所谓的"登山行动"。一开始,他们是从有扶手的一边进行攀登,扶手以及他们手中的"登山杖"都是他们给予自己的安全保障。接着,他们开始搭建他们的"楼梯"。

教师的思考:幼儿们的"登山行动"是一个递进的过程。当这些砖块被整齐排列时,有了一定的重量以后,"砖山"会发生晃动。所以,那些起初喊着要建楼梯的人也都放弃了从楼梯进行登山。

■ 发现三:"登山行动"变了吗?

来这里玩的孩子越来越多了,他们的手上也都拿着"登山杖",原本整齐的砖块,在玩的过程中也散落了一些,其间也有孩子把砖块往下推。梦晧一直在用"登山杖"推倒砖块,还用脚踢倒砖块,在他踢倒砖块前他对弟弟说:"你先下去!"踢下的砖块砸到了弟弟的脚,弟弟大叫起来。梦晧不停大声叫道:"我不小心的,我不小心的!我本来是想把坏的砖块弄下来。"

第五章　回应游戏——探寻追随的力量

> **教师的思考**：当教师再反观孩子们的这些行为的时候，理解了孩子游戏行为背后的原因。因为坡度的斜面问题，以及砖与砖之间所形成的摩擦力，所以幼儿觉得坍塌的"砖山"反而较整齐的"砖山"更加稳固。
>
> 图 5-2-6　　　　　　　图 5-2-7

通过以上案例，让我们看到了教师在复盘前对幼儿的游戏行为产生好奇与疑惑，并开始反思；在复盘中带着自己的一系列问题深入观察捕捉，看到了幼儿对于自己安全的预估能力、对冒险的尝试、同伴间的互助、一次次的探索与坚持；最终在复盘后读懂了幼儿的真实想法，惊叹于幼儿对材料的创意使用远超出教师的想象。

💡 思考与延展

以下的问题链支架是否能给你一些启示？试着运用这些问题链来复盘自己的游戏记录，也许这能帮助你发现不曾关注到的细节，更深层次地解读儿童。

复盘问题链：

现在能够捕捉幼儿在游戏当中的什么行为？（捕捉行为）

我为什么要捕捉这个行为？（推测原因）

这些行为带给我的教育启发和思考是什么？（教育反思）

反思性实践的"问题链"：

反思性实践的观念动机，我为什么要反思——我什么时候反思——我反思什么——我怎样做算是反思。

反思性实践的行为，我做了什么——我这样做有效吗——我这样做合理吗——我还能怎样做。

第三节
支 持 与 调 整

《幼儿园保育教育质量评估指南》中提出"因地制宜为幼儿创设游戏环境,提供丰富适宜的游戏材料,支持幼儿探究、试错、重复等行为"。教师是幼儿游戏的支持者,从不同角色视角以不同方式支持着幼儿的游戏,同时也在不断听取幼儿建议、了解幼儿需要的过程中进行反思、调整。

一、支持与调整的前提——对幼儿主体地位的认识

教师在游戏中进行支持与调整之前,首先需要明确的是对游戏中幼儿地位的认识,这将直接影响到教师进行支持与调整的时机、方式、水平等,进而影响幼儿的游戏探索和发展。

可以看到,在以往的观念中,幼儿常常被认为是"一张白纸",教师非常容易凭自己的"经验"给幼儿贴上标签,如果教师认为幼儿在游戏中是弱小的、依附成人的、需要帮助的,教师的支持就总会在"自以为是"的时候出现。如果教师甚至认为幼儿的

解码游戏　循迹童心
支持幼儿生长的观察、解读与回应

游戏行为是无意义的,这也可能导致教师在观察时"习以为常",从而错过了支持的最佳时机。

因此,在进行支持与调整之前,我们需要看见、认清、认可幼儿在游戏中的主体地位,幼儿是有能力的学习者,教师要在充分观察的基础上进行支持与调整。同时,幼儿是一个个不同的个体,教师要消除心中对幼儿打上的"标签",真正接受并理解幼儿,发现幼儿的真实需求,才能进行有效的支持与调整。

充分肯定幼儿在游戏中的主体地位,给予幼儿自主游戏的自由,保障幼儿充分的游戏时间,提供丰富的游戏材料,让幼儿能够自主选择场地、玩伴,支持幼儿成为游戏的主人。

案例:孩子在冲突中的成长

年龄段:小班

教师认为小班的丫丫,在班级中控制和调节自己的行为及情绪的能力有限,情绪表现较为激烈,又由于表达能力有限,所以在遇到冲突时,常常会用肢体语言以及夸张的声音来表达她的情绪,所以对于同伴而言,她的一些行为可以说常常是"突如其来的",她在冲突中的言行是"较难让同伴理解的"。通过观察,教师发现她的冲突常常是戛然而止的,所以在教师眼里,她是一个无论做什么事都动静很大,且活跃度不高,处理事情比较简单直接的一个孩子,教师认为丫丫似乎并没有在周而复始的冲突中获得成长。

在游戏中,教师发现丫丫激动地踢倒了自己的积木,口中说着:

"那个黄色的小偷把我积木弄坏了,破坏了我的积木。"教师走上前去进行询问,教师通过丫丫的肢体行为、眼神等了解到丫丫是想告诉教师谁破坏了她的积木。教师陪着丫丫一起寻找那个破坏积木的人,但没有找到,于是丫丫又回到了游戏中重新开始搭建。此时教师认为丫丫的冲突可能与之前一样戛然而止了。但教师发现,丫丫来回往返于"海盗船"与自己的积木间,还拿回了一个圆形积木。当丫丫再次回到自己的积木旁,她看到小新在拿自己的积木,她没有说什么,当小新拿走积木使丫丫的建筑倒塌时,丫丫开始在现场巡视,似乎想要找到小新:"有一个'小偷',又来一个'小偷'。"但寻找未果。随后她又回到自己的积木边,玩起了"开车"的游戏。积木倒塌后,丫丫和旁边的登登共同修复了积木。

游戏后,教师与丫丫进行了一对一倾听,教师发现丫丫将整个冲突中的行为都构建成为游戏中的一部分,她的情绪激动、大喊大叫、控制不住都是情有可原的。同时教师感受到丫丫并不粗枝大叶,在她略显夸张的言行下,其实有一颗细腻的心,她非常善于调节情绪,化解冲突,她通过游戏去疏解自己激动的情绪。这让教师突然间意识到,以往对于丫丫的"标签",影响了教师对丫丫的回应与支持,教师认为丫丫的情绪激动是"平常行为",而未能及时了解她的需求与想法,未能有效支持她的成长。只有真正放下对幼儿的刻板印象,从交流与沟通中理解幼儿,才能有效地支持幼儿。

> 💡 **思考与延展**
>
> 你是如何看待游戏中幼儿所处的地位？你是否曾下意识地"贴标签"？在学习了以上内容后你的想法是否发生变化？审视自我，尝试与自己的内心进行一场对话。

二、支持与调整的着手——环境与材料

游戏环境和游戏材料是幼儿开展游戏的外在条件，这部分内容有赖于教师的创设，也需要教师根据幼儿游戏进程不断调整。那么教师在游戏环境、材料上的创设与支持应该注意哪些方面？需要符合哪些特点？

在《上海市幼儿园装备指南（试行）》中，对于各类场地的环境创设提出了详尽的要求，在此不多作赘述，仅讨论游戏环境和材料创设、提供中的一些注意要点以供参考。

游戏环境和材料需要符合幼儿年龄特点，根据幼儿人数添置，确保数量的充足，还应该具有安全保障，质量过关。也可以与家庭、社区共同进行材料的收集，进一步丰富环境和材料。

除了物质环境，还应重视心理环境的创设。宽松的心理环境会让幼儿充满自信，从而产生积极情绪，乐于与同伴及教师交往。教师需要努力和幼儿建立相互平等的关系，充分尊重和满足幼儿对爱和安全的需要，最大限度地包容幼儿，给幼儿自己解决问题的空间，让幼儿感到自己能行，有被尊重、被关注的感觉。在这样的环境里，幼儿们敢说、敢做、敢想、敢怒，在很大程度上调动了游戏的积极性、主动性和创造性。

在游戏进行一段时间后，教师应注意补充投放游戏材料。根据幼儿游戏水平的发展变化，不断补充游戏材料，鼓励新的游戏伙伴加入游戏，提高幼儿的游戏兴趣和游戏水平。

创设丰富的游戏环境,使得环境、材料具有科学性、趣味性、情境性,既符合幼儿年龄特点,又新颖有趣,充分激发幼儿游戏的兴趣、游戏动机和游戏构思,引发幼儿的游戏联想和游戏行为。

> 💡 **思考与延展**
>
> 幼儿的游戏是动态发展的,在游戏过程中你是如何为幼儿提供材料支持的?当幼儿提出难以实现的游戏材料需求或愿望时,你会如何处理?你是如何思考的?

三、支持与调整的策略——追随幼儿的需要

幼儿的游戏是自发生成的、变化无穷的,在游戏中教师无法预测下一步的过程或结果,幼儿的游戏鲜活而灵动,教师的支持如何跟进?怎样的支持才是有效支持?

教师应该根据幼儿游戏情况,生成适宜的支持策略。观察是教师的基本功,教师要从观察中去获取幼儿与同伴之间、与环境材料之间的准确信息,敏锐地察觉幼儿的需要。

教师可以从物质支持、精神支持、行为支持三方面入手,物质支持方面,提供丰富的低结构材料,鼓励幼儿进行想象和创造,支持幼儿尝试多种玩法;精神支持方面,根据幼儿个性、能力的不同,接纳幼儿不同的行为表现,鼓励、赞赏幼儿,帮助幼儿消除心理障碍,进一步激发幼儿的游戏兴趣,让幼儿敢于尝试和挑战;行为支持方面,从儿童立场出发,进行个性化的行动支持。

当幼儿初次接触材料不知道如何使用的时候,教师可以采用暗示型参与的方式和幼儿们一起玩,吸引他们的注意,引导他们模仿。让幼儿们从教师的行为中举一反三,创造出更多的游戏方式。当幼儿对于游戏失去兴趣时,教师可以采用激趣型参与的方式,改变游戏玩法,增加游戏挑战,让幼儿们保持持续参与的热情。当幼儿不善表达或

解码游戏　循迹童心
支持幼儿生长的观察、解读与回应

失去自信时,教师可以采用互动型参与的方式鼓励、带动幼儿,支持幼儿更好地开展游戏。在游戏中,教师要追随幼儿的脚步,运用教育智慧不断生成支持策略。

> **案例:关于教师介入的新思考**
>
> 年龄段:大班
>
> 孩子们想挖一条河,有的用管道引水,有的负责挖坑,有的加固水库,有的挖河流分支。大家完成后,在河里放了一艘小船,并开闸放水。但是小船漂了一会儿就停下了,孩子们尝试了各种办法,而小船依然停留在原地。此时教师发现了孩子们游戏停滞,于是假装惊叹道:"快看,小船怎么在原地打转呀?"然而孩子们只是看了教师一眼就继续做自己的事情。
>
> 教师的本意是想借此引发孩子对于小船在水中旋转的探索,猜想水流量、水势高低的关系,但是却仅仅收获了孩子们的一个眼神。这样的提问支持并没有促进孩子们的游戏探索。此时教师的介入与支持并不是建立在幼儿已有经验的基础上的,只是简单地抛出了一个幼儿并不关注的问题。教师在后来的自我反思中也提到,自己的介入过早,孩子们仍沉浸在自己的探索中,此时的支持并不是他们所需要的。
>
> 之后,孩子们渐渐离开了,只剩下两个孩子仍然在观察、尝试。此时教师又尝试以提问的方式进行支持,教师问:"小船怎么停运了?"有一个孩子回答:"我猜想是水太少了吧。"他拿起停运的小船,在运输轨道上反复模拟小船前进路线,将小船压进地下的泥土里,把地下的泥土向前推,然而小船还是没有前进。

第五章　回应游戏——探寻追随的力量

此时教师观察到幼儿的游戏依旧没有进展，又产生了介入支持幼儿的想法，但也可以看出前面一次没有得到回应的提问让教师也倍感犹豫，于是教师只是试探性提问，而后继续进行观察和等待。

在第二天的游戏中，孩子找来了一根水管连接在水池水龙头的下方，将水库入水口的水量变大，他将一个塑料玩具斜向埋在出水口的地方，并将透明水管对面的沙子拍打加固。教师再次与幼儿进行了对话："六六，这是在做什么呀？""这样不会把水冲到对面沙子上。""那为什么要加一根管道？""我想让水变多，流到小船的运输轨道里，把它冲出去。""那为什么里面要放塑料玩具呢？""这样对面的沙子就不会掉下来了。"

这一次，教师不再像前两次一样只是提出自己看到的问题，而是询问幼儿的想法，从而产生了后续的对话，可以看出幼儿有了继续探索的热情，也表达了自己对于解决问题的想法。正是和幼儿的想法产生了共鸣，从了解幼儿的角度出发，才能知道幼儿想要什么。

我们常常会经历游戏中的"两难时刻"，要不要支持？何时支持？如何支持？这很难有既定的答案。但只要教师不断尝试、善于反思，相信一定可以找到适宜的支持方法。

💡 思考与延展

在实践的过程中，你是否有过"失败"的游戏支持？带着以上观点再进行一次回顾，你从自己的经历中看到了什么？对于游戏的支持与调整有怎样的新思考？

四、支持与调整的契机——关注游戏后的分享

在游戏后的分享交流中,教师如何"层层剥笋",看到幼儿的需要并进行适宜的支持与调整?

在游戏后的分享交流中,教师可以关注幼儿在活动中的积极情感体验,激发幼儿主动表达;也可以鼓励幼儿共同讨论在游戏中遇到的问题,共同商议,寻找办法,进一步提高幼儿参与游戏的积极性;还可以通过视频、照片、幼儿作品等再现游戏场景,共同回顾游戏现场的情况,开展讨论,帮助幼儿总结提升经验,为下一次游戏的开展奠定基础。

案例:启航,南昌舰!

年龄段:中班

■ 观察与发现

在班级中,孩子们开展了关于"舰艇"的讨论,孩子们提出在游戏中用积木搭建南昌舰。孩子们先把材料平铺,用各种形状的木质积木搭建舰体,又在舰尾装置了两根高高的圆柱。接着拿了一些长棒来,统一朝着一个方向作为炮弹发射装置。随后,孩子们又用扁圆柱积木搭建了发射按钮。孩子们尝试坐在南昌舰里面,但是舰艇太小了,连一个人都坐不下,于是孩子们开始尝试扩大甲板,还增加了饼干(半圆积木)、太阳能装置(有孔的圆形积木)、方向盘等。

第五章　回应游戏——探寻追随的力量

图 5-3-1　扩大后的南昌舰　　图 5-3-2　为南昌舰添置装备

在游戏后的交流分享中，孩子们自主预约分享并进行了介绍，教师抛出了关键问题"舰艇能不能'站'起来"。围绕分享交流中的问题，师幼共同收集了视频和资料，观看了"中国十大舰艇""鱼雷威力有多大"等视频；自主阅读、分享《核潜艇，出击!》《揭秘船舶》等书籍；开展《海军小擂台》自主分享与海军相关的感兴趣的内容；邀请退役的海军家长入园为孩子们介绍海军的生活、训练、学习等。同时对于"南昌舰站起来"，教师也耐心等待着，守候着孩子们的自主尝试。

再次游戏，孩子们对于舰艇的各个细节和装备有了进一步的提升，如：护卫舰、发射按钮、瞭望台、推进器、侦察无人机等。游戏中，孩子们先铺了两块木板，然后竖起了一根柱子，又架了一块木板在上面，接着又在上面放了一块木板，随后想了想，把圆柱子和木板拆了，在底层木板两端分别放了两根圆柱积木，接着又在上面放了一块长条板，"舰艇"架起来了。然后孩子们又在上面放了一些长方形和圆形积木，作为座位、瞄准镜、大炮等。基本完成后，孩子们看了看自己的图纸，又在舰艇的尾部放了一块半圆形积木，作为旗帜。

解码游戏　循迹童心
支持幼儿生长的观察、解读与回应

在游戏后的交流分享中,孩子们介绍了自己在建构中遇到的问题以及解决方法,大家一起进行了交流讨论。教师鼓励孩子们互相观察、比较,分析舰艇间的不同。如:和上次的有什么不一样?(比较差距、进步)为什么觉得像(不像)?是否和自己的设计图匹配,比一比和之前的舰艇的差别。

图5-3-3　依据图纸完成舰艇

孩子们继续尝试着南昌舰的搭建,从一个孩子到大部分孩子让舰艇"站"起来,从一层的南昌舰"站"起来到立体的多层的南昌舰"站起来",南昌舰正在启航。

■ 解读与反思

在搭建南昌舰的过程中,教师追随着幼儿的兴趣,始终保持"幼儿在前,教师在后",并且在每一次游戏后的交流分享中帮助幼儿梳理经验,随后又提出新的问题,助推幼儿思考。

在第一次游戏后的交流分享中,除了鼓励幼儿进行自主预约分享外,教师还在分享中提出了一个关键问题——如何让南昌舰站起来,也就是从平面搭建到立体搭建,这对于幼儿们来说是一个挑战。教师并不是提出问题之后就袖手旁观,而是与幼儿们共同收集相关资料,力所能及地帮助幼儿们拓展经验。例如共同观看视频、书籍,鼓励幼儿自主分享,邀请退役海军入园等,在师幼共建的过程中进一步互相丰富信息和认知,继续探索和创造,形成良性循环,让原本离幼儿生活遥远的海军、军事主题变得越来越具体、越来越真实,幼儿在其中主动地尝试着去建构、去绘画、去表达、去探索。

第五章　回应游戏——探寻追随的力量

教师没有急于催促幼儿解决"让南昌舰站起来"的问题，而是允许幼儿们以自己的节奏来进行探索，教师耐心等待着幼儿们积累足够的经验，最终迎来从量变到质变的一天。

当幼儿有了越来越多的建构创想后，思维的挑战进一步升级。在后续的游戏分享中，教师开始鼓励幼儿互相介绍自己遇到的问题和解决方法，通过互相讨论，他们既分享借鉴了彼此的经验，又从同伴那里获得认可和鼓励，并激发了进一步探索前进的动力。

教师鼓励幼儿进行观察、比较、分析，通过这样有思路、有目的地审视，幼儿对于自己的作品、想法更加清晰、明了，同时，幼儿的进步也变得更明显了。

虽然在这个案例中我们没有看到南昌舰的最终形态，但过程中我们仍然能感受到教师对幼儿的尊重以及支持的智慧。诚如教师自己所言："在这个过程中，我们允许孩子犯错，走弯路，因为每一步都是他们的探索，都是他们的体验。"

思考与延展

游戏后的交流分享是教师与幼儿共同共享经验、讨论问题、梳理提升的重要环节。在游戏后你是如何组织交流分享的？在交流分享中你有哪些经验和方法？你认为自己在今后的交流分享中可以怎样做得更好？

第六章

赋能游戏
探索幼小科学衔接的路径

本章主要阐述自主游戏与幼小衔接之间的内在联系，探究自主游戏对于幼小衔接的意义及影响，发现将自主游戏应用于幼小衔接过程中面临的挑战，并试图通过范例，帮助教师进一步归纳总结自主游戏在幼小衔接中的应用方法及建议，为教师科学实施幼小衔接提供实践性启示。

第六章　赋能游戏——探索幼小科学衔接的路径

第一节
户外自主游戏和幼小衔接的关系

幼小衔接：指幼儿园期间帮助幼儿做好生活、社会、学习、心理等入学准备，实现幼儿园与小学两个邻近教育阶段稳步过渡的教育过程。

一、幼小科学衔接使命的诠释

从政策角度看，2021年3月，教育部出台了《关于大力推进幼儿园与小学科学衔接的指导意见》，提出了幼小科学衔接需要理解和遵循幼儿身心规律、学习特点，需要幼小协同、家校配合的要求。上海"十四五"规划提出：深化幼小双向衔接要坚持幼儿为本，关注幼儿发展的连续性、差异性和整体性，帮助幼儿做好身心全面准备和适应，培养有益于幼儿终身发展的习惯与能力。

从阶段作用看，幼儿在幼儿园期间发展的身心健康（情绪积极），掌握的生活能力（自理、劳动、自我保护等），获得的学习品质（兴趣、习惯、能力等）、行为习惯、社会性交往等都会在其进入小学后发生关联，发挥作用。

从终身发展看,幼儿园过渡到小学的童年经历,对幼儿构建应对人生发展转变的态度和方法有着重要影响。能够让幼儿在不同阶段成为生活的向往者、主动的准备者,拥有成长的动力。

> 💡 **思考与延展**
>
> ◆ 你认为幼儿在幼儿园阶段所获得的经验,与他将来在小学的课程学习有内在关联吗?具体有哪些关联?
>
> ◆ 你会在幼儿园日常课程中经常意识到这种关联并自觉落实吗?是如何落实的?

二、幼小科学衔接需求与困境

在《关于大力推进幼儿园与小学科学衔接的指导意见》指引下,幼儿园和小学展开了一场"双向奔赴"的研究与改革之旅,但不可忽视的是仍存在几方面的"分离"问题。

1. 教育模式的分离

这是最显性的问题,幼儿园中的教育主要是游戏模式,小学是课堂模式。

2. 衔接主体的分离

李召存教授提出当下有关于幼小衔接的研究不在少数,但大部分研究较为基于成人视角,很少听到来自幼小衔接的当事人——幼儿的声音。我们需要了解幼儿是如何认识小学生活的,他们有着怎样的感受,对小学的期待、担心是什么,他们想要怎样过渡等。

3. 供给需求的分离

幼小衔接被当成了"知识的衔接",然而幼儿进入小学表现出来的困难并不是单纯的知识性问题,更多的是情绪情感、社会适应、解决问题方面的困难。

第六章 赋能游戏——探索幼小科学衔接的路径

4. 双向准备的分离

部分幼儿园在大班下学期或幼升小的最后两个月增加与上小学有关的综合实践活动或教学活动。部分小学则仅在开学前1—2周或开学后2—4周开展学习准备期活动。事实上，入学准备不是在原有课程上增加内容，而是应该从幼儿入园起贯穿其中，着重于大班，以游戏化、生活化的方式帮助幼儿顺利过渡。当前，把幼小衔接当突击任务来做，两者内在关联度不足，忽略了幼儿发展的连续性。

> 💡 **思考与延展**
>
> ◆ 你怎么理解"幼小衔接不是一个线性过程，而是一项系统工程"？
>
> ◆ 6月，某幼儿园大班与周边小学联合开展了"我要上小学"系列活动，幼儿们参观校园与教室，参与升旗仪式，上了一节预备课，与一年级哥哥姐姐座谈等。随后，老师又在幼儿园开展了"搭建我心中的小学、我的时间我安排"等活动。你觉得这是幼小衔接吗？请你谈一谈优势与不足。

三、自主游戏对实现幼小科学衔接的意义

朱家雄教授提出："若能处理好顺应儿童发展的游戏和将儿童发展纳入社会轨道要求的教学两者之间的关系，就解决了幼小衔接中的关键难点"。

那么自主游戏和幼小衔接之间究竟存在怎样的内在逻辑呢？

首先以《入学准备指导要点》为导引，来看"入学准备"的要点。"自主游戏"与"入学准备"涉及幼儿发展的"重合点"不约而同地指向了幼儿身心（态度、

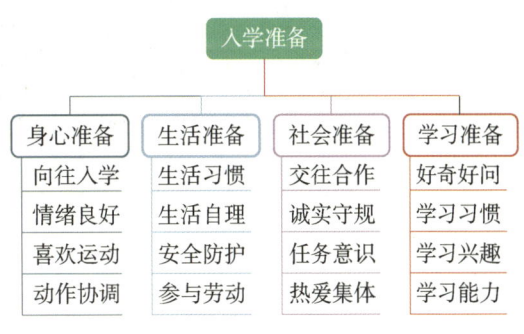

入学准备
- 身心准备：向往入学、情绪良好、喜欢运动、动作协调
- 生活准备：生活习惯、生活自理、安全防护、参与劳动
- 社会准备：交往合作、诚实守规、任务意识、热爱集体
- 学习准备：好奇好问、学习习惯、学习兴趣、学习能力

图6-1-1

情绪、动作、健康)、生活(习惯、自理、安全、劳动)、社会(交往、规则、集体意识、品德)、学习(求知、习惯、兴趣、能力)四方面发展内容。

其次,幼儿在自主游戏中经历"自主规划—行动—调控—反思—自我建构"的过程,呈现主动学习与可持续发展状态,获得快乐的能力、自主规划和行动的能力、提出和解决问题的能力、沟通和合作的能力、系统思维和创新思维的能力等。

可见,通过自主游戏所获得的经验符合幼儿入学前全面准备的需要,可以为幼儿更好、更快地适应小学生活奠定基础。

案例:小小竹筏的故事

年龄段:大班

幼儿园的沙水池里,孩子偶然看到花架杆漂浮在水面上,萌发了做一个能载人的竹筏的想法,这引发了历时一周的共同探究。

■ 场景一:想漂在水上的男孩

图 6-1-2    图 6-1-3

第六章　赋能游戏——探索幼小科学衔接的路径

葱葱拿了7根花架杆扔进水里，接着人也趴进水池里，把花架杆压在身下，然后抬起脚，打开双手，结果人沉进水里。接下来的4分钟里，他又重复了几次这样的动作。游戏结束后，葱葱带着他的游戏记录来分享。他的记录上有物品，还有数字。葱葱："我今天趴在绿色的塑料棒上面。我想做一个竹筏，然后能浮起来。可是做竹筏的材料不太够，这是我想要的东西，木头50根、绳子2条、装饰用的花盆3个、划船的桨1个、桌子2张、螺旋桨2个、餐具8套、椅子8张、饮料贩卖机3个、垃圾袋2个、垃圾桶2个。"

教师的心声：葱葱在积极行动，探索让"竹筏"浮起来的办法。在他分享的材料清单中，可以发现他运用了统计的方法对自己做"竹筏"所需要的材料种类及数量进行了整理和罗列。并且从他记录的数字看，他对自己想要做的竹筏有具体的想法，对可能需要的材料有估算。需要根据葱葱的材料清单对现有材料进行调整，增加材料的数量，补充木板和绳子。

■ 场景二：用什么做"竹筏"

葱葱邀请了艾莉、小李、嘉伟等一起游戏，利用各种材料展开探索。

用塑料管探索

葱葱跨坐在水池中两根透明塑料管上。塑料管两端进水了，沉到水底。

用木板探索

葱葱把两块木板并排放在水里，用绳子打结固定。然后艾莉和小顾同时跨坐在木板上，木板沉底。

用轮胎探索

艾莉提出木板浮力太小,她坐过的漂流筏是用轮胎做的,建议拿轮胎来试一下。于是艾莉把轮胎滚到了水池边,小李帮助艾莉把轮胎平放到水池里,水池里的水只到轮胎厚度的一半。艾莉坐上轮胎,嘴里大喊着:"可以!"小李说:"可是没有浮起来啊。"

用竹架探索

小李搬来石头推进水里,石头沉底。他又搬起石头放在竹架上,石头压住了竹架一边,也沉底了。小李调整竹架位置再次搬起石头放在竹架上,石头再次沉底。两人讨论用绳子把石头绑在竹架上,可结果仍是"浮不起来"。

图6-1-4

在交流分享中,孩子们带着游戏记录分享自己的探索与发现。

小李说:"轮胎太重了,浮不起来。"

葱葱说:"管子是能浮起来,但人坐上去管子进水就沉下去了。"

艾莉说:"木板能浮起来,人站上去就不行了,人太重,木板浮力不够。"

小李又说:"竹架自己能浮起来,石头放上去都会沉,人站上去肯定不行。"

第六章 赋能游戏——探索幼小科学衔接的路径

图 6-1-5

孩子们提出了新问题。

问题 1：木板浮在水面上，人站在上面能不能成功呢？

问题 2：船是铁做的，很重，为什么不会沉下去而能浮起来呢？

孩子们提出了新假设。

假设 1：把木板连起来，把木板变大，人就能坐上去了。

假设 2：可以用塑料瓶和木板、竹片绑在一起，人坐上去就能浮起来了。

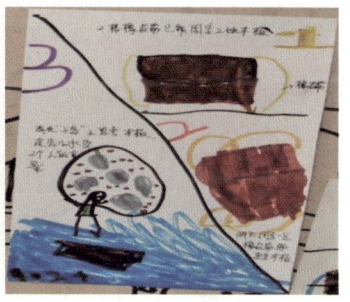

图 6-1-6

接下来的几天，孩子们围绕自己的问题和设想展开调查、实验，想方设法"增加浮力"。

镜头 1：

小李、月饼、彤彤、小朱、葱葱坐在水池里，小李往塑料瓶里装水。

"每个瓶子都装满水,然后用透明胶把它们粘在一起会不会浮起来呢?"月饼接过小李手里的饮料瓶放进水里。月饼说:"沉下去了,倒掉吧!这个太重了!"小李:"我知道太重了!那你是用全部连起来的力量吗?"月饼答:"一个掉下去,那其他的都会掉下去。"小李想了想,又拿了一个空瓶,往里倒水,水没倒满。小李提出:"那我试试没装满的会不会沉。"小李把没装满水的饮料瓶放进水池:"这个我还没倒满,不会沉下去。"他横着拿起半瓶水的饮料瓶:"因为水不一样多,所以才会一半沉下去一半浮起来。"

镜头2:

奥莉和雨橙选择用橡皮筋连接竹片。十分钟后,她们完成了三块竹片的连接,并放入水池。小朱:"能让我站上去看看吗?"说完就一脚踏进水池,踩在竹片上,竹片被踩入水底。小朱很不解:"怎么我一站上去就沉下去了呢?"嘉伟说:"我觉得可以浮起来,就是下面需要加两个空瓶。"嘉伟一边说一边从旁边的箱子里拿了两个空瓶尝试放在竹片下。小朱却并不买账:"我觉得不可以的!我站上去它就沉下去了,不可以的!"嘉伟说:"也许是你太重了。待会儿请梓涵试试吧,他很轻的。"奥莉提醒:"要用带盖子的瓶子,不然很容易就进水啦!"

在四次尝试之后仍无法在水中连接塑料瓶与竹片,他们决定把材料拿到岸上,先连接多个空瓶再和竹片进行连接。于是,奥莉、嘉伟和雨橙开始捆绑空瓶。奥莉:"有盖子的(瓶子)才行,没盖子的就沉下去了。"此时,瓜瓜递给嘉伟一个空瓶。嘉伟:"这我们不需要呀!没盖子的我们不需要。"七分钟后,他们把十二个有盖子的空瓶用封

第六章 赋能游戏——探索幼小科学衔接的路径

箱带连接好了,放入水池。嘉伟:"还真能浮!"

教师的心声:幼儿在游戏中就塑料瓶空瓶、装满水、装一半水三种不同情况进行实验,并尝试解释空瓶与沉浮的关系。他们尝试通过增加塑料瓶来增加浮力,在互相交流中反复地运用了"空瓶能浮在水面上"这样的一条认知经验,并不断尝试用各种连接的方式,从增加竹筏的面积到组合空瓶与竹筏。他们对"空心可以增大浮力"有了直接经验。而这次的探索从浮力与面积的关系逐步拓展到浮力与排水量的关系。孩子们在游戏中运用到观察法、比较法、记录法等实验方法,初步形成了科学探究的思维。

■ **场景三:意料之外的成功**

由于国庆假期的到来,孩子们的游戏戛然而止,但小顾妈妈朋友圈的一段制作竹筏并在崇明小河里漂流的视频引起了教师的关注。教师与小顾的妈妈取得了联系。

图6-1-7

教师:"在制作竹筏的过程中小顾说了什么?有哪些想法来自她?"

小顾妈妈:"小顾说要找些竹子连在一起变成一大块。小顾还说可以用绳子把竹子绑起来,在幼儿园里就想用绳子,但是大家都不会打结。小顾在用绳子捆绑中发现竹子很滑,后来外公去弄来了铁丝绑好了竹子。小顾说竹筏还不能下水,会沉下去的。"小顾爸爸和小顾讨论,小顾爸爸提出用两层竹子。可是小顾有自己的想法。小顾说可以在竹筏下面垫泡沫,这样就能浮起来了。于是小顾外公和小顾爸爸把两块泡沫板拼接起来,就下水啦!"

教师的心声:在幼儿园的游戏中,小顾并没有出现在探索的"核心团队"中,那么她在哪里呢?在做什么呢?

教师再次复盘了这段时间的视频与照片,发现很多场景中都有她,她就在"核心团队"的周围,但更多时候以观察、倾听的"观望者"身份出现。有时她会站在旁边看很久;有时她在玩别的游戏时也经常抬起头来看看竹筏的进展;有时她会主动搭把手,如帮忙一起用封箱带把竹片和瓶子连接等。

图6-1-8

教师的心声:小顾与家人共同制作竹筏的过程中二次提出了想法:一是尝试用绳子连接竹子;二是在竹筏下面垫泡沫来增加浮力。这两个想法正是孩子们几轮游戏探讨与实践中的假设,但这些假设因为各种原因被放弃了。她的这一次尝试验证了可行性,填补了其他孩子对竹筏材料与捆绑方法上的空白,进一步完善了关于材料探索的经验。

第六章 赋能游戏——探索幼小科学衔接的路径

以上片段,从一名幼儿的主动学习,到一组幼儿的合作学习,再到周围幼儿的自然卷入学习,教师从中看到了自主游戏的魅力及影响力,更看到了不同幼儿的学习方式及发展的可能性。他们尝试用描述性的语言去解释自己所看到的沉与浮的现象;用征求性的语言与伙伴沟通,表达自己的意见;用概括性语言梳理自己的经验。幼儿主动触及的认知经验包括小学数学中的数与代数、几何与图形、统计与概率、实践与综合应用;自然科学中的沉与浮;语文中的口头语言表达与书面表达等各学科的认知经验。他们在"观察——回忆——实践——假设——验证"的游戏经历中为未来学习积淀经验。

💡 思考与延展

◆ "时间管理"是幼小衔接的重要内容之一,请结合实践案例,谈一谈如何通过户外自主游戏帮助幼儿形成时间观念,掌握并主动尝试合理安排好自己的时间。

◆ 妮妮是个害羞腼腆的女孩,她有几个固定的好朋友,她平时总是默默地跟着小伙伴,不太主动表达自己的想法,小伙伴玩什么她就玩什么,小伙伴让她做什么她也不拒绝。请尝试分析妮妮入学后可能遇到的问题,并联系自己班级此类型的幼儿,谈一谈你会怎么做。

第二节
怎样以户外自主游戏实现幼小科学衔接？

幼小科学衔接：本书认为应遵循幼儿身心发展规律，将幼儿园到小学阶段视作幼儿人生发展过程中的角色转变阶段，并通过整合多方资源，发挥家、校、园协同共促的力量，促进幼儿的后继学习与终身发展。

一、以游戏筑幼儿身心之基

幼儿的身心发展包括生理和心理两方面的发展。户外自主游戏对幼儿身心发展有着积极的促进作用，包括幼儿通过自主游戏可以建立积极的情感态度、稳定的情绪，获得情感表达和控制的能力，继而拥有健康的心理。同时，自主游戏可以促进幼儿体力发展、增强幼儿体质，达到协调发展、健全发育的目的。幼儿身心健康发展为适应小学生活奠定了坚实的基础。

第六章 赋能游戏——探索幼小科学衔接的路径

案例：滚筒高手成长记

年龄段：大班

■ 场景一：初战滚筒

涂涂蹲在滚筒里面，用两只小手撑住滚筒，然后像只小螃蟹一样横向移动着步伐，滚筒在他的脚步带动下滚过来又滚过去。过了一会儿，涂涂趴在两个滚筒上面，宝鑫在一旁推，两个人步调一致地先向前再向后退，滚筒也在他们身体的带动下滚动起来。宝鑫和小雨分别躺在两个滚筒里面，涂涂则卖力地推动着两个滚筒向前滚动。在同伴萌萌的帮助下，小艺小心翼翼地站到滚筒上并尝试着用步伐带动滚筒向前滚动，但很快因为身体失衡从滚筒上跳了下来。她重新调整滚筒的位置，在宝鑫的帮助下再次站了上去。

图6-2-1

教师的心声：

初次接触滚筒，幼儿的身体和材料之间进行着亲密的"交流"，通过"动作思维"——这种学龄前幼儿特有的思维方式来探索和体验滚筒滚动的物理特性。幼儿在一次又一次尝试站上滚筒、反复地练习中

解码游戏　循迹童心
支持幼儿生长的观察、解读与回应

跟材料不断接触,逐步掌握滚筒的特性,逐渐克服陌生和未知所带来的恐惧感,进而为游戏的后续发展奠定了一定的心理基础。

■ 场景二:再战滚筒

涂涂将一只白色的小滚筒移到露天舞台旁边,利用舞台的台阶将滚筒固定住,又在滚筒正前方几步远的地方摆好一个垫子,做好这一切后,宝鑫慢慢地站到滚筒上去,调整好双脚的间距和站姿后,双手微微打开小心地向前走起来。走了几步之后,滚筒转动得越来越快,宝鑫似乎没办法再控制身体的平衡,就顺势跳到了前面的垫子上。

图 6-2-2

涂涂找来一只油桶和一只滚筒,将油桶立起来,将滚筒靠在油桶上面,然后用手扶着油桶慢慢小心地站在滚筒上开始向前走起来,只见他眼睛看着脚下,步幅很小,步调很慢,一点一点向前移动着。

此时,传来了哭声,宝鑫从滚筒上摔下来了!教师赶紧跑过去查看和安慰,还好没有受伤。"疼吗?"教师轻轻地帮他按揉摔疼的部位。宝鑫眼睛里含着眼泪轻轻地点了点头。"那你等一会儿再玩,坐在这里休息一下吧。"可教师一转身,宝鑫又站上了滚筒,眉头微蹙、嘴唇

图 6-2-3

第六章 赋能游戏——探索幼小科学衔接的路径

紧闭、神情专注。

教师的心声：在挑战滚筒的过程中，幼儿都很小心，他们努力地保持身体的平衡，控制步调的节奏，调整步幅的大小——"调整双脚的间距和站姿""双手微微打开""眼睛看向脚下，一点一点向前移动"这些充满思考的小动作都说明了幼儿在感受平衡状态的同时也在努力探索着保持平衡的技巧。虽然会经历一次又一次的失败，或许会哭泣或懊恼、担心，但是很少有人放弃。教师看到了小小身体里蕴藏的巨大毅力和勇气。在滚筒游戏中时常会遇到一些关于安全的问题，在与幼儿的交流中，我们发现他们已有一些初步的策略。如，关于"如何站上去"的问题，他们的办法是用其他固定的物体例如台阶、油桶、梯子等将滚筒抵住；关于"失衡导致摔跤"的问题，他们会通过快速跳下来或是利用垫子等其他材料的辅助保护自己不受到伤害。游戏中幼儿会根据自己的经验对危险有一定的预判，同时对自身的能力有一定的评估，再根据预判和评估找到适合自己的办法，尽量保证自己在游戏中的安全。

■ **场景三：巅峰之战**

宝鑫脚踩着滚筒稳稳地走到了大型器具的下面，但他并没有停下来，而是将身体弯曲，眼睛向上看，双手交替向前抓牢大型器械下面的横梁，手、眼、脚协调一致，成功地从大型器械的下面穿了过去。

宝鑫和涂涂手牵手站在滚筒上，步调一致地稳稳向前走。

> 宝鑫和涂涂面对面地走滚筒,两人不时交换滚筒,向相反的方向行走,走出一定的距离后,再转身—面对面走—交换,如此乐此不疲循环往复地进行着。
>
> 宝鑫、涂涂、萱萱、小宝、月月几个小朋友各自站在一个滚筒上,排列成整齐的一排,大家一边步调一致地向前走,一边相互配合传递着手中的皮球。
>
> *教师的心声*:当一种玩法被幼儿所熟练掌握,前期兴趣和挑战获得满足,幼儿就会主动探索新的玩法,创造新的模式。教师发现新玩法或许不再是一个人的"孤芳自赏",而是和同伴"心心相印"地合作、"惺惺相惜"地竞赛等。在户外自主游戏的过程中,幼儿不仅获得了身体技能的发展,包括大肌肉得到了充足的锻炼,平衡能力获得了发展。幼儿的心理也获得了发展:由最初的胆怯害怕,到战胜恐惧和挫败,到充分自我肯定和认可,再到收获满满的自信和成就感等。这种身心的和谐发展为幼儿今后步入小学乃至后续的发展都奠定了良好的基础。

二、以游戏强幼儿生活之能

幼儿的生活准备包括意识、习惯、能力三方面。在户外自主游戏中幼儿需要自主照护自身的生活需要、遵守游戏规则、整理收纳游戏材料、处理突发状况,这对他们掌握生活自理能力、劳动能力,养成良好的生活习惯、行为习惯,做好入学后的自我服务、自我管理,增强独立生活、自主生活的能动性与自信心有着十分积极的作用。

第六章 赋能游戏——探索幼小科学衔接的路径

斟酌再三,还是在生活衔接板块中应用了一则小班的案例。在我看来,生活衔接比较特殊,具有循环往复、螺旋上升之势,非"一时之力"可达,需要幼儿在日积月累的生活经历中沉淀。户外自主游戏能支持幼儿从小在开放、复杂的环境中体验、处理与自己生活有关的问题,为满足自身不断进阶的生活需求做好准备。

案例:游戏中的生活之辩

年龄段:小班

■ **场景一:安全还是不安全**

在游戏中,可可不断地推倒小伙伴们搭建的作品,十分钟内就推倒了八次。伙伴们纷纷抱怨了起来,教师和可可展开了对话。

教师问:"可可,你为什么要推倒妮妮的城堡啊?"可可理所当然地回答:"我觉得这个有点高。"教师问:"为什么高了就要推倒呢?"可可答:"因为上次琪琪就被倒了的高楼砸到了头,大家都觉得太高了不稳、不安全。"

图6-2-4

教师若有所思。交流分享中,教师出示了"推倒高楼"的照片,还有一张小朋友受伤的照片,一场关于"高楼安全不安全"的探讨开始了。

教师问:"造高楼安全吗?到底要不要造高楼。"

可可坚持表示:"高楼很危险,不稳就会砸到人。"

有孩子说:"造高楼不危险,我们住的楼都很高,不会砸到人。"

有孩子说:"造高楼的时候慢一点,就不会倒了。"

有孩子说:"不能推高楼,推倒了才会砸到人。不推就会安全。"

教师发现大部分孩子们都想继续造高楼,就问:"如果大家想继续造高楼,那么我们可以怎么样让自己更安全呢?"

有孩子说:"我们可以戴上安全帽,工人都戴帽子。"

有孩子说:"不要造太高的楼,造到和我们一样高,就砸不到了。"

还有孩子说:"房子的最下面可以造得大一点,这样就不会倒了。"

教师的心声:我们常跟幼儿说"要注意安全",可是"安全"究竟是什么呢?生活中的哪些情况会"不安全"?即便幼儿知道了"安全"与"不安全",那么如何让自己或同伴始终置身"安全"或者应对"不安全"呢?这些问题都需要幼儿在真实的生活情景中,在应用的过程中理解并解决,而户外自主游戏就是最好的载体之一。

■ 场景二:守护还是霸道

图6-2-5　　　　　　图6-2-6

游戏中,小桐和其他班级的孩子抢起了帐篷。小桐站在帐篷外面,张开双手护着帐篷。看见是自己班级的孩子来,他就放下双手,让他们进去。看到其他班级的孩子,他就伸开双手,拦住不让进。

活动结束后,教师和小桐进行了交流。

教师问:"小桐,今天的游戏,你玩得开心吗?有没有遇到什么麻烦?"

小桐说:"很开心,没有麻烦。"

教师不解:"今天我看到几个人都想来拿走帐篷?"

小桐说:"是的,但是我保护好了帐篷,没有被拿走。"

教师又问:"那你们玩了些什么呢?"

小桐自豪地说:"我今天当了小卫兵,我守护住了城堡(帐篷)。"

教师的心声:游戏就是如此神奇,游戏里幼儿的表现总会让我们"醍醐灌顶"。成人以为的"冲突",焉知不是幼儿游戏中的一部分内容;成人所定义的"冲动、霸道",岂知不是幼儿游戏中的一部分剧情。正如小桐,身体力行地遵守着游戏角色赋予他的职责——"守护",坚持"看住"自己物品的幼儿不棒吗?

三、以游戏促幼儿社会交往之力

幼儿的社会准备包括意志和能力两方面的发展。户外自主游戏为幼儿提供了与同伴交往的条件及机会。幼儿主动邀请游戏伙伴,掌握主动邀约的方法,锻炼主动交往的勇气,积累分工合作的经验;为了达成共同游戏,他们时常会主动进行沟通、协商,在过程中倾听同伴的想法,尝试表达自己的意见,共同找到解决问题的方法,也能够在遇到冲突时主动退让。这为进入小学后结交新朋友、认识新老师、适应新生活提供支持。

解码游戏　循迹童心
支持幼儿生长的观察、解读与回应

案例:从一个孩子的长城到一群孩子的长城

年龄段:大班

■ 场景一:一个孩子的长城

游戏开始了,新城用一块一块长方形木板组合出了一条长长的梯架结构。教师很好奇,就在交流分享的时候询问:"看看新城搭建的是什么?"有孩子说:"是围栏。"

图6-2-7

有孩子说:"是梯子。"也有孩子说:"是城堡"。教师说:"请新城来介绍一下吧。"新城说:"我搭的是长城。"花花接着新城的话说:"长城我见过,长城在北京。"君君说:"长城我去过,我妈妈还带着我在那拍过照呢。"球球提出异议:"长城很长很长的,这么短的不是长城。"师师说:"长城很长很长,而且在山上弯弯曲曲的特别壮观。"

教师的心声:幼儿在作品中表现出了对称搭建、错位垒高、架空等建构能力。但这是偶然为之,还是"胸有成竹"?需要再观察。在交流分享中,幼儿从各个角度表达自己关于"长城"的经验,"长城不够长""长城弯弯曲曲"会成为幼儿下一步的行动方向吗?还要等一等、再看一看。

■ 场景二:几个孩子的长城

之后的一段时间里面,越来越多的孩子开始一起搭长城了。有一天,起初三个孩子在搭烽火台,两个孩子在搭长城的城墙。此时来

第六章　赋能游戏——探索幼小科学衔接的路径

了几个孩子旁观,过了一会儿,这几个孩子就加入了造长城的队伍。有的帮助搭围墙,让围墙越来越长、越来越高;有的帮助搭烽火台,从一个烽火台,到模仿搭第二个烽火台,第三个、第四个……

图6-2-8

■ 场景三:一群孩子的长城

图6-2-9

又是好多天过去了,造长城的游戏依然如火如荼。几个孩子自发地组成了一队,讨论着今天的工作,绘制着"设计图"。开始搭建长城的时候,孩子两两一队,分别从远远的两头向中间搭建,每个孩子都专注地建长城围墙。而搭建烽火台的小队这次对烽火台有了不一样的想法,他们发现烽火台是一段一段的,烽火台要和城墙相连接。为了完成建造计划,他们主动去和建造围墙的小队进行沟通,共同测量、确认"隔多远造一个烽火台",协商从哪里开始造起,同时确认每一个烽火台的不同特点和用处。就这样,我们看到了起初的长城和现在的长城的不同:原本只有一面城墙的长城变成了立体耸立的长城;短短的长城变成了曲折环绕的长城;每段长城多了一个烽火台,烽火台上有架枪、瞭望的地方和放炮的垛口。

图6-2-10

教师的心声:户外自主游戏让幼儿的交往不再"隔空喊话",而是在主动近身、自发对话的过程中掌握与人交往的智慧。幼儿在主动参与游戏中尝试发起交往请求;在完成不同任务的过程中尝试和不同的伙伴沟通与协商;在达成目标的过程中与同伴分工合作等。同时,在交往的过程中通过互享经验,幼儿对事物的认识更丰富,掌握的方法也更多元了。

四、以游戏提幼儿学习之质

幼儿的学习准备包括兴趣、能力、习惯、品质等方面。在户外自主游戏中,幼儿需要自主规划、自行组织,并思考一系列的问题,如在游戏开始前,计划"我想玩什么""我想去哪里玩""我想和谁玩""我想怎么玩";游戏开始后,解决"遇到了什么问题""为什么会发生问题""可以怎么解决"等;游戏结束后,回顾"我玩得怎么样""下一次我还想玩什么,准备怎么玩"。户外自主游戏能够让幼儿有计划地、专注地、坚持地在分析、释疑、迁移、创造中发展观察力、探究力、思维力、创造力等,为入学做好学习准备。

案例:传送带滚轮车赛大比拼

年龄段:大班

■ 活动背景

开学伊始,孩子们热衷于各种清水积木的组合搭建,并且不断地探索让搭建物"动"起来。起初,泰霖对自己用圆柱体积木和木板组合搭建的会"动"的作品最为得意,他说这是运用

图6-2-11

了传送带的工作原理,并且取名为"传送带滚轮车"。会"动"的滚轮车也吸引了其他孩子的注意,浠浠就是其中之一。在数次探索后,他在"车"上囤放了一些圆柱体积木,后面的同伴往前推,"车"上的孩子将囤放的圆柱体往前补足,成功将"传送带滚轮车"越开越远。

■ 场景一:输在起跑线上的"初赛"

孩子们逐渐掌握了搭建滚轮车的方法后,于是约定要来一次比赛。比什么呢?有的孩子说比谁的车开得远,有的孩子说比谁开得快,于是大家一致同意投票表决,少数服从多数,先比谁开得远,并且自由组合成三组。

三组各自搭了不同造型的赛车:第一组的车设计成轨道式,目的是让他们的路线能直一些;第二组的车设计成了有"火车头"的造型;第三组采用双层滚轮,木板的上、下方排满了圆柱体积木。

	第一组	第二组	第三组
第一次	图6-2-12	图6-2-13	图6-2-14
	轨道式	"火车头"造型	上下方排满了圆柱体积木

准备就绪,发令声响,三组孩子纷纷铆足了劲往前冲。但是很快就在起跑线附近败下阵来:第一组的车刚出发,轨道就倒下了,圆柱体积木和木板完全分离;第二组的车由于装饰用的小圆柱体积木太多,车子根本没法前进,孩子们不断地在丢弃;第三组孩子为了保持车子的造型,用力推中间的木板,可是车子纹丝不动。

图6-2-15

第六章 赋能游戏——探索幼小科学衔接的路径

游戏后,孩子们围绕失败的原因展开了讨论。

第一组的孩子说:"我们的轨道不牢固,一碰就倒,但还需要轨道,我们想小车开得直一点。"

第二组的孩子说:"我们的装饰物太多了,这根本没用。"

第三组的孩子说:"我们需要更多的人,大家一起齐心协力往前推。"

于是孩子们约定着要再来一次比赛。

■ 场景二:车身改造后的第二场"试驾赛"

有了第一场比赛失败的经验后,孩子们纷纷将关注点放在车子的构造上,增加材料来进行各自的调整:第一组加固了轨道,第二组加长了车身,第三组加高了车身。

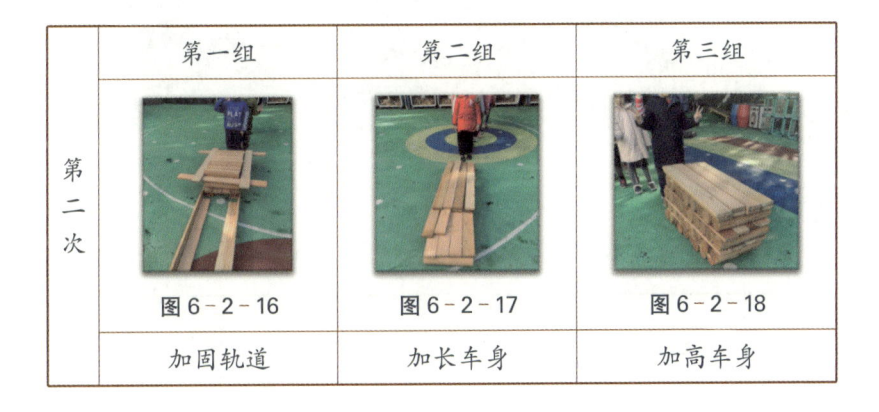

	第一组	第二组	第三组
第二次	图6-2-16	图6-2-17	图6-2-18
	加固轨道	加长车身	加高车身

孩子们并没有急于比赛,而是一组一组地进行了"试驾"活动。第一组的车刚出发,上面的圆柱体就滚下来压倒了轨道,并且挡住了车子;第二组的车身太长,孩子们根本推不动车。第三组和第一组的情况相似,滚落的木板和圆柱体积木让小车寸步难行。

孩子们回顾和总结了"试驾"的经历,三组孩子对车子容易散架、无法一直保持在起点时的样子产生共鸣。眼看孩子们一筹莫展,教师问:"到达终点时,车子是什么样子才算赢?"湉湉说:"有轮子、有木板就可以。"孩子们都表示同意,并决定开始第三场比赛。

■ 场景三:车轮滚滚的第三次"拉力赛"

根据上一次的比赛经验,每一组孩子们用减负的方法,各自又调整了车子的结构:第一组减少了轨道,第二组减少了木板,第三组在湉湉小朋友"你去拿木板""你去拿圆柱体""圆柱体够了,不要再放了"的指挥下,车子减少了作为滚轮的圆柱体积木,但同时多了一个座位。

	第一组	第二组	第三组
第三次	图6-2-19	图6-2-20	图6-2-21
	减少了轨道	减少了木板	第二层减少了圆柱体积木,但多了一个座位

这次比赛,三辆车同时出发。第三组的车最先启动,并且在开动过程中车子的结构和动态都发生了变化,一下子就吸引了其他两组的目光。只见湉湉坐在车上指挥,"轮子歪了,要放正""轮子不够了,快再拿点""先不要推了,前面的轮子不够了"……车后的两个小朋友保持平稳向前推木板,两个小朋友灵活地把后面的"轮子"拿到前面来铺上,依此重复合作。驻足看了一会儿的第一和第二组,受此启发

第六章 赋能游戏——探索幼小科学衔接的路径

也马上加入,由于启动得比较晚加上合作并不默契,因此他们的速度并不快。

图 6-2-22 　　　　图 6-2-23

图 6-2-24 　　　　图 6-2-25

比赛的时间到了,这一次很明显第三组开得更远,当我宣布第三组获胜时,第一组的潘潘说:"我不服,他们比我们先出发,所以他们才会比我们开得远。"

看到孩子的胜负欲被激发,我表面淡定,内心窃喜:"好,那我们再来比一次,远近比过了,那就比速度吧。"

■ 场景四:不服输的终极"挑战赛"

为了比赛的公平,赛前,孩子们共同约定了起点和终点。并且每组各推选一名组长,画了一个计划书,三名组长分别从三个角度呈现了他们的设想。第一组的组长潘潘画的是比赛前的建构分工图,安排了四个组员拿材料,其余的一起拼搭小车。第二组的珈珈画的是小车的结构图,告诉组员该怎么搭这辆车。第三组的涅涅画的是步骤图,告诉组员该怎么运送圆柱体。

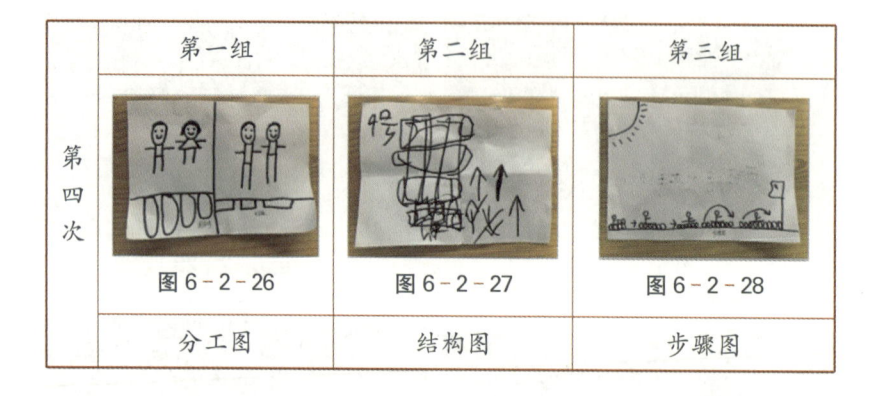

	第一组	第二组	第三组
第四次	图6-2-26	图6-2-27	图6-2-28
	分工图	结构图	步骤图

三组带着各自的计划书再次来到操场上进行比赛,结果第三组配合默契,再次赢得了比赛。

图6-2-29 　　图6-2-30 　　图6-2-31

教师的心声:游戏的过程即幼儿发展的过程,其中隐藏着重要的教育动因,包含教育方法和教育契机,有不可忽视的教育价值。游戏的不确定性给幼儿带来了许多问题,促进了他们自发地去探索,去寻找解决问题的办法。他们会对发生的现象进行观察、分析,会结合前后的变化比较、判断,会依据已有的体验进行调试、完善。在这样的

第六章 赋能游戏——探索幼小科学衔接的路径

过程中,幼儿的思维是灵活的、变通的。这为幼儿掌握自主学习、持续学习、深度学习的方法与品质,为做好入学准备奠定了基础。

综上所述,户外自主游戏是实现幼小衔接的最佳方式之一。幼儿园应坚持开展户外自主游戏,支持幼儿在游戏中获得健康的心态、良好的习惯、行动的策略、适应的能力、素养的积淀,从而自信地踏上小学之路。当然,幼小衔接除了需要幼儿园的精准发力,同时也需要小学的精准对接,也就是幼儿园与小学教师应了解"对方在做什么""自己要做什么",从而双向靠拢、双段联合,让幼小衔接内容更符合幼儿发展的规律与需要,更具连续性和系统性,从而化解入学准备与入学适应的矛盾。

思考与延展

你如何理解陶行知先生提出的"六大解放",即解放头脑——能想,解放双手——能干,解放眼睛——能看,解放嘴——能谈,解放空间、解放时间——能学习。时至今日,你认为陶先生的"六大解放"对开展自主游戏及推进幼小科学衔接有什么样的现实意义?

第七章 享受成长
探研同行的智慧

本章主要阐述区域内各个层面包括行政层面、学校层面以及教师个人层面在践行户外自主游戏的过程中收获的体悟、经验或成效等。

第七章　享受成长——探研同行的智慧

第一节
园长管理经验

各试点园在市级专家团队的靶向指导下,以项目研究为抓手,大胆开展园本化教研,提炼相应的方法与策略,探寻教师专业成长路径,锤炼教师研究幼儿的专业底蕴。各试点园园长也努力发挥主体责任,始终把自己定位为服务者、引导者、支持者、协作者的角色,创新管理研究模式,提炼管理策略,提升课程领导力。

一、期待教师

在聆听中发现教师的问题和困惑,在分析中发现教师的成长轨迹,在适度支持中推动教师的发展。

1. "专业"——研究幼儿,看见幼儿的成长

因为在游戏中看到幼儿的成长,教师找到了教师专业的意义与价值。当教师沉下心来,细读幼儿,就会看见幼儿在游戏中的学习与发展。如教师看到暴脾气男孩竟能在游戏中自我和解,游戏这个小社会中真实的"矛盾冲突"正是幼儿自我成长并建立起自我价值观的绝好契机;教师看到幼儿在游戏中感受体验并理解光和影的关系,在真实问题情境中实现了关于"地球与太阳位置关系"这一科学内容的深度学习;教师通过游戏看见幼儿用艺术作品来表达内心世界,从而对幼儿的情绪情感产生共情与理解,并积极回应,使得"经历生命废墟现场"的幼儿得到温柔的拥抱。这些让教师看到了每位幼儿

都是主动的、有能力的学习者。

2. "倾听"——聆听幼儿，理解幼儿的思想

我们发现以前的游戏分享交流更多面向全体，教师以理想游戏水平的呈现为目标来分享交流，而现在更多关注幼儿个体差异的发展。我们更多会让幼儿去反思，去解释自己做过的事情，自己解决过的问题。在这样的过程中，幼儿自己会诞生许多精彩的观点，教师则可以帮助幼儿去认识自我，去认识周围这个世界。

在一日活动的各个环节中，我们还会进行"一对一倾听"，给予幼儿大量的机会去表达，发展幼儿叙事等多方面能力，很大程度上帮助教师听见幼儿，理解幼儿。

不管是集体分享交流还是"一对一倾听"分享，带给幼儿的发展价值使得教师格外珍视每一天与幼儿的"交互"，于是，师幼互动开始变得生动、有力……

3. "反思"——在幼儿发展与课程之间建立连接

反思对于调动教师积极地自我思考与实践，全身心地投入其中，实质性提高教师的教育观念、教育行为和专业能力来说，是一种比较有效的方法。教师可记录自己在游戏中每一句话、每一个行为，适时反思自己的观察言行对幼儿的作用、影响，如"我为什么要说这句呢""我做到真正意义的'放手'了吗""我说的这些真的管用吗""如果我不说，孩子会怎么样"等。只有通过不断反思自己，才能更充分理解教师的角色和价值，去回应、支持幼儿在游戏中的发展。

二、赋权教师

在信念重构中践行"真游戏"，还权儿童，赋权教师，可以发现不一样的儿童、也可以看见不一样的教师。

1. 教师会自主学习

放手游戏后，每一位教师都回到了同一起跑线上。园长在管理上也充分信任教师、逐渐学着放手，发现从原来的"园长带着学"，转变为现在"老师自主自发地学"。在尊

重、相信教师的基础上多倾听、理解教师所思所想,多发现、肯定教师的每一次进步,教师就会在爱和信任的氛围中,内生动力、自我发展。

2. 教师会勤于实践

我们常常带着学习中产生的问题去实践,在实践中寻找问题的答案;也常常在实践中又生成新问题,尝试着在专家观点中寻找可能的答案,以及在游戏故事分享中寻求同伴的帮助。如,关于开学初每个游戏区域以材料命名,就有不少教师提出:是不是幼儿在积木区只生成建构游戏?如果只生成建构游戏,不生成角色游戏、表演游戏也没有关系吗?如果没有生成这两种游戏,特别是角色游戏行为,或者角色游戏水平很低时园长会开始自我反思,如果全园都没有这两种游戏,教师是不是在专业上有偏差?我需要引导幼儿吗?……教师们的种种担忧在提问中释放。在游戏中,教师始终坚守"最大程度地放手,最低程度地介入",始终站在"放手游戏"的一边,教师外显行为侧重"看、听、记录"。带着问题与想法,恪守游戏中的行为,通过不断地仔细观察与认真倾听,终于,教师们在积木区看到了比比皆是的角色游戏以及表演游戏。

当我们给教师足够的尊重与信任、支持时,他们就有了归属感;当教师拥有了对游戏实践的自主权时,他们就有了自主感;当教师做自己最擅长的事情,连续的正向反馈激励着他们的自信心,他们的胜任感就会油然而生。

三、提升教师

1. 建构有效的研训机制

在以往的教研中,由组长制订计划,定期开展集体教研是常态,这种情况下的教师为了"完成任务"的居多,现场讨论并不积极;而在游戏实践后,由教师自主自发的随机教研却成为了教师新的专业成长契机。教师们在这样的研讨中更有专业底气、话语权,大家"喜欢研、抢着说",教师理论联系实践的能力因此更强、更灵活。

除了教研形式的多样,研训的参与主体也不仅限于园内教师。如陈伯吹幼儿园每月开展一次"小幼"联合教研,邀请小学教师共同走进幼儿的游戏故事,小、幼教师根据对各自学段、学科经验分析与解读,发现幼儿的主动学习和经验积淀。在"对话、质疑、互通、互学"中走近"彼此",理解幼儿的发展规律和成长需求,探索行之有效的策略从而形成"合力"。

2. 建构有效的研究专题

认识到游戏对幼儿发展的价值,出于教师专业发展和幼儿发展的需要,开展专题研究内容也是提升教师专业发展的路径。基于教师在幼儿游戏中发现的"真"问题以及各班在游戏中的实际需要,开展多种形式的研讨,融实践、学习、反思、总结于一体,可进一步梳理策略与方法。如,陈伯吹幼儿园确立各年龄段研究专题,小班以"游戏连环故事"提升教师持续观察幼儿的实践研究能力;中班聚焦游戏观察实证,提升教师分析解读幼儿的能力;大班则通过讲好游戏故事,提升教师观察与识别能力。通过每学期一次的交流展示,让各年龄段衔接互动。

通过有效的教研,教师从观察"现象"逐步走向观察"经历",唤起对于儿童学习规律深入探究,激发对领域经验主动学习与研究的意识。

第七章 享受成长——探研同行的智慧

尊重、相信、发现、支持
——《评估指南》引领下教育过程管理改革思与行

上海市宝山区海尚明城幼儿园 李萍

2022年2月,教育部颁发了《幼儿园保育教育质量评估指南》(下文简称《评估指南》),2020年8月《上海幼儿园办园质量评价指南》《信息化建设与应用指南》《幼儿园装备指南》等文件也相继颁布,这些文件时时刻刻提醒着:学前教育已进入关注过程性质量提升的高质量发展新阶段。

作为统领幼儿园保教过程性质量提升的一园之长,在前期的学习中,明显发现《评估指南》对园长在教师发展中的作用提出了更为明确的要求。

💡 《评估指南》A5 教师队伍/B14 专业发展:

激发教师积极主动反思,提高教师实践能力,增强教师专业自信。

💡 《评估指南》A5 教师队伍/B15 激励机制:

善于倾听、理解教职工的所思所做,发现和肯定每一名教职工的闪光点和成长进步,教职工能够感受到来自园长和同事的关心和支持,有归属感和幸福感。

作为园长,怎样调动教师的积极性,让教师"自主、自愿"地投入到学习与践行"坚持儿童为本、聚焦活动过程、促进幼儿主动学习"的过程中去呢?《评估指南》给出了相应的启示。

一、尊重与相信——聚焦放手游戏以学促研,转变教师的儿童观

> 💡 《评估指南》A3 教育过程/B7 活动组织:
>
> 以游戏为基本活动,确保幼儿每天有充分的自主游戏时间,因地制宜为幼儿创设游戏环境,提供丰富适宜的游戏材料,支持幼儿探究、试错、重复等行为,与幼儿一起分享游戏经验。

作为安吉游戏首批试点园,尚未启动前,我首先对教师做客观分析,发现目前存在着"教师对正确的儿童观是什么耳熟能详,但'口号'和'行动'之间存在明显的落差"这样的现状问题。究其原因,是此时的儿童观对教师而言,是别人赋予的,而不是教师内生的。怎样让教师真正有方法走近幼儿,将儿童观根植于内心呢?

正如相信"幼儿生来是积极主动、有能力的学习者",我也坚信每位教师是有能力的主动学习者。但是,光盲目相信可不行,带着思考,我开始实践。

1. 组建"认知信念重构"微信群

一开始,我在群里主要分享一些体现儿童主体地位的微视频以及关于学前教育文件政策、安吉游戏实践经验等信息资源,想让教师在学习理论的同时,通过直观的视频、照片更好地理解在坚持幼儿为本的理念下幼儿是如何主动学习的。后来,在假期只要有关于评估指南解读、游戏研究等专家讲座,(考虑到园内青年教师家有小儿、需要亲子陪伴)均由我或有闲暇时间的教师进行录制,后分享在群里,方便大家自主学习。我一直强调:"若想看见不一样的儿童,必先看见主动学习的自己。若想专业好,功夫在 11 小时之外。"教师们真的学习了吗?学得怎么样?

2. 掀起"爱思考乐钻研"学习热

随着实践研讨,我慢慢发现园内部分青年教师能根据游戏实践中的问题搬出不同

专家的前沿理论观点进行辩驳,每次研讨得不亦乐乎。无论对错,我都一一予以充分鼓励,并尊重教师想法,鼓励教师继续探究学习。例如:上学期小陈老师对讲座中的一个词产生了兴趣,问大家"什么是'全息式倾听'?倾听有哪几种?'全息式倾听'在师幼互动中的优点与作用是什么?"在肯定她勤于学习、善于提问的同时,我紧接着建议她组队一起去搜索研究,并将搜索的信息分享给大家。随着频繁走近教师的游戏现场、研讨活动,我进一步发现教师们很擅长用国内外知名游戏专家的理论来解释证明自己的观点与做法,她们能对教育过程中的某一现象进行辩证分析与有效解读,比之前的"拿来主义"有了进步。

正如小滕老师所言,我们在"学安吉、像安吉"的实践研究中,悟出的是——在游戏现场中,教师在幼儿游戏过程中"撤出",且能带着欣赏的眼光观察、聆听与记录,把游戏的自由自主彻底还给幼儿。这需要大量的相关学习给予教师专业底气,学习让我们悟出且努力落实游戏前后教师之所为,才能够自信地放手游戏。而放手之后,我们真的看到了"了不起的儿童",认识到儿童是有能力的主动学习者!儿童是值得被尊重、被爱、被敬畏的!佳佳老师说:"总以为验收后我们教师的一日流程已经很规范了,没想到自从实践了户外自主游戏,不但我们原有的教学模式有突破,而且我们学的东西也更多了。教师需要根据观察解读到的儿童在游戏中发展的各个领域去学习国内外相关的教育理论,也要学儿童心理学。"作为园长的我听到教师提到自己的工作状态很"卷"的时候,心里不由担心:让老师学这学那,大家内心会不会产生抵触?当我沉下心来细想,这其实也是教师自己最淳朴、最真实的状态与体会,但我希望教师能感受到:每一个儿童都有自己的发展轨迹,他们每天在不断地成长与进步。作为教育者,我们也在每一天的师幼互动中体现教育价值,难道我们只能停留在自己原有的认知结构中吗?我们要跳出自己的舒适圈,勇于去接受未知领域的挑战,只有充实自己才能支撑自我能够用专业的眼光去观察儿童,促进儿童的发展。

教师卷入到这场游戏革命中来,不是为了"内卷",而是要形成教师专业成长的"内驱力","推动"自己成为一名有生命力的未来学习者。

二、发现与支持——聚焦师幼互动以研促思,提高教师的敏感性

当教师的儿童观转变后,更专注于游戏现场的"看、听、记录",游戏后的"一对一倾听"以及分享交流。教师也会时不时根据《评估指南》等文件对自己的师幼互动进行回溯性自我评价,从而微调自己的教育行为。

> 💡 如《评估指南》A3 教育过程/B8 师幼互动:
>
> 认真观察幼儿在各类活动中的行为表现并做必要记录,根据一段时间的持续观察,对幼儿的发展情况和需要做出客观全面的分析,提供有针对性的支持,不急于介入或干扰他们的活动。
>
> 重视幼儿通过绘画、讲述等方式对自己经历过的游戏、阅读图书、图画书、观察等活动进行表达表征,教师能一对一倾听并真实记录幼儿的想法和体验。

1. 在游戏现场中观察、发现适宜的"师幼互动"

教师每天会产生各种各样的问题。比如:像安吉游戏模式那样"闭住嘴、管住手、睁大眼、竖起耳"之后,游戏现场中的老师有点缩手缩脚了,毕竟是学校游戏场,游戏中有师幼关系吗?又该如何体现师幼互动呢?

作为园长,认真倾听教师的问题和想法,及时回应教师且促进她们的自主反思尤为重要。由于我与保教主任坚持每天深入游戏现场,因此非常理解教师内心真实的想法,于是我随手翻出手机中的视频,请老师们一起一边看一边解读。

> **案例：大班爬树屋游戏中的小班妹妹**
>
> 大班幼儿玩起了多种材料创造性爬树屋游戏，还吸引来了一位小班女孩呢！仔细看——教师是怎样追随孩子的兴趣需要的。
>
> 看到哥哥姐姐在爬树屋，莎莎也想试一试。于是莎莎有了第一次尝试，可是失败了。她有些小尴尬但仍坚持驻足观望。第二次尝试，又失败，她继续坚持观望。最后在教师"扶一把"的帮助下，终于实现了爬上树屋的游戏愿望。在反复观看游戏视频中，教师看清了游戏中教师的介入仅仅是"扶一把"，为什么会"扶一把"呢？扶莎莎一把的教师说："莎莎来看哥哥姐姐爬树屋已经有几天了，这次是最接近成功的一次，所以我们扶了一把。"大家对于"扶一把"研讨，肯定了这是基于幼儿渴望爬上树屋的需求基础上给予的适宜性支持。这样的完整游戏视频，更鲜明地凸显了游戏中"幼儿在前、教师在后"的师幼关系。所以，无论是大班幼儿爬树屋的多样玩法，还是小班幼儿的主动模仿学习，都进一步确立了游戏中的师幼关系是"幼儿在前、教师在后"的。

2. 在教研活动中支持与提升教师的敏感性

随着实践研究的深入，教师从行动者逐渐走向研究者、反思者。教师们定期以游戏故事的形式分享对幼儿的解读与支持，此时又出现了新的普遍性问题。大部分教师专业敏感性还较弱，具体体现在教师虽然每天都在"看、听、拍"，认真记录幼儿的游戏过程，但未必都能看懂幼儿游戏背后真正的原因。关键在于教师对幼儿发展状态的敏感性不强，对幼儿学习过程的洞察力并不敏锐。

解码游戏　循迹童心
支持幼儿生长的观察、解读与回应

> **案例**
>
> 中班积木区，我屡次发现有一个神情忧郁的孩子，或坐在积木上，甚至独自躺在积木长板上，无声、孤独的模样，引起了我的好奇。当询问孩子为什么会这样时，教师告诉我，他一直想搭一个饭店，但饭店门框连搭几次都倒下来，没有成功。他就出现这样的神情了。专业敏感性让我意识到，孩子屡次出现沮丧，可能原因并不简单。于是，我提醒教师对这个孩子进行连续性追踪，深入观察与倾听幼儿的游戏，尝试去解读分析孩子的心理变化，了解孩子不开心情绪背后的真正原因。为此，还建议教研组针对这个案例展开研讨。于是，一场以"倾听中的师幼同频"为切入口的小教研活动由此展开。教师们各自从情绪、同伴交往、材料、问题意识以及配合幼儿倾听对话等方面，谈自己如何解读孩子的游戏行为，复盘梳理了经验。复盘前，带着问题意识去研讨；复盘中，追溯幼儿原来的发展轨迹；复盘后，教师不断反思调整自己的教育行为。通过不同教师对这个案例进行不同视角的复盘解读，这位青年教师意识到复盘改变了她原以为的"门框与地面接触面太小、自己碰倒了"的刻板印象。这有助于她更全面地解读幼儿，从而做好适宜的支持。分析与研讨，在帮助教师们真正理解复盘的重要性和方法的基础上，更让教师对幼儿在寻常日子中的不寻常时刻充满好奇、探究的专业敏感性。

深入理解儿童、支持儿童是教师坚守儿童立场的关键，而关注教师的努力程度和改进过程是园长促进保教过程质量提升的关键。作为园长，应不断加强"以师为本"的管

第七章 享受成长——探研同行的智慧

理,改善教师工作氛围,支持教师潜心育人;同时更要善于看见教师当下典型问题,引导教师基于良好的判断力在行动中推进深度思考再回归行动,不断进行循证研究。这样才能真正引领支持教师专业成长!

【名言共学】

教研员这样说——

教师目前已经有了在游戏当中开展观察、解读及支持的意识。但应明确的是,从观察、解读再到支持的这条路径必然呈现闭环式的样态,而其必须借助教师的专业反思,不断进行自我审视,才能实现螺旋式的专业提升。因此,下一阶段我们应该思考与突破:如何去激发教师自我反思的内驱力?通过自觉开展自我评估去推动教师的专业发展,努力成为一名反思型实践者,不断调整去看到、看懂儿童最真实的需求,并努力给予每一个儿童最适宜的支持,成为幼儿研究与支持的行家里手。

宝山区教研员　陶瑛华

园长微讲座——

从关注教师专业成长的视角出发,就游戏分享交流的四种样态,包括内容、形式以及如何进行有效的师幼互动等方面梳理提炼出经验与做法,供一线教师们借鉴与学习。

样态一:幼儿复述,教师聆听——鼓励幼儿充分表达。教师要重视复述对语言结构化提升的作用,强调幼儿的精彩表达与呈现,让幼儿之间互相看得到;样态二:幼儿发起的讨论——引发幼儿会提问。抓住四个点,即倾听幼儿的矛盾点、追问幼儿的价值点、解读幼儿的认知点、分享幼儿的交往点;样态三:教师发起的问题探讨——引发幼儿专注、思考。围绕如何体现价值判断和对儿童的培养目标进行思考。样态四:教师引发的活动——迁移运用、梳理提升。是将分享交流的内容转化成全班幼儿感兴趣的话题,从而引发幼儿进行新的思考与讨论。

宝山区陈伯吹实验幼儿园园长　特级园长　方红梅

园长感悟——

　　我由衷感受到通过这半年联盟体带教活动带来的两个转变。首先是联盟园园长的成长,从"迷茫"到"自信",成为共同探讨的投入者、从"我有困难"到"我能做什么",依据园所现有情况及资源进行盘活与挖掘。其次是感受到游戏带给所有人的改变,游戏让老师学会了向心而行,慢慢地去享受幼教人的职业快乐,去品味,去成长。

宝山区区直机关幼儿园园长　特级教师　蒋静

　　在区"安吉游戏"联盟体的教研推动下,我们惊喜地发现转变已发生,游戏让园长从"焦虑"到淡定;对话在进行,游戏让教师"金句"连连,越来越精彩;共享将延续,联盟园的互助与分享,成为了园所加速发展的助推器。

宝山区小海螺幼儿园园长　傅悦

　　用行动催促梦想的发生,和好的团队在一起就是乘法,游戏联盟共同体不仅能展示彼此,还能互相激励能量爆发。每一次沉浸式教研都引领我们进入更广阔的教育大领域;每一次的思维碰撞都让我们更有底气与勇气迈出自我革新的脚步……

宝山区虎林路幼儿园园长　封茂华

第二节
团队发展经验

在区域构建"1+2+N"学习共同体的背景下,试点园也在思索如何发挥集体的力量,激发园内教师共同研究与实践,在一致的愿景中、在一次次的同频共振中实现自我发展与突破。

以学习共同体激发专业自觉

上海市宝山区海尚明城幼儿园　徐　婷

"知之不难,行之不易",在"安吉游戏"本土化实践初期,我园教师存在对课程模式认识模糊、环境改造和材料投放不到位、专业作用发挥不充分等问题。如何在游戏实践中助推教师专业发展,成为亟待解决的问题。如何聚焦真问题、真情境,嵌入教师工作场域、激发教师专业自觉的研讨学习,能让教师感同身受,不断反思与优化教育行为,我们认为建立"学习共同体"恰好能满足这一需求。

解码游戏　循迹童心
支持幼儿生长的观察、解读与回应

一、"1＋N"抱团互助——由一个人带动一群人

> 孩子之所以改变朝下拧螺丝的方式,是因为螺丝朝下会撞到头,有安全隐患,而且螺丝朝上便于加装零件。
>
> 孩子能在观察周围环境后进行安全预判,他们在建构游戏中能感知"东方明珠"有倒塌危险,并学会了戴上安全帽,当作品加固后又摘下了安全帽。
>
> 两次搭建时,孩子们分别采用单侧和双侧转接板,这反映了他们不同的认知水平……

在滕老师的游戏案例"'倒退'中的前进"中,幼儿们面对的最大挑战是建构作品"东方明珠"倒塌后的重新修复。相关专家观看幼儿的游戏视频后,曾抛出一连串问题:幼儿拧螺丝的方向为什么会发生改变?幼儿戴安全帽和安全意识有关吗?单侧转接板改为双侧转接板,幼儿们是怎么想的?……

图7-2-1

滕老师将问题带入大教研活动中,如同将一颗颗石子投入河中,激起层层涟漪。教师们带着好奇探究、观察案例中的幼儿,尝试分析幼儿是如何发现问题、解决问题的。在一遍遍的游戏复盘中,大家不断挖掘幼儿两次不同做法背后的逻辑与原因,从中发

现幼儿的经验发展轨迹,这也帮助滕老师完善了她的游戏案例。

自此,我园渐渐形成了"1+N"式学习共同体,即由"1"个教师提出问题与困惑,带动"N"个教师参与交流与研讨。无论是职初教师、成熟教师,还是骨干教师,每位教师都可以成为那个"1",而"N"也不限定人数,只要有学习的兴趣与愿望,就可以加入共同体,分享观点、互相答疑等。

"1+N"式学习共同体让教师充分认识到"带着问题意识复盘"和"多视角观察与分析孩子游戏行为"的重要性。每位教师都被视为有价值的"资源",都是自我成长和他人成长过程中的重要"他人",有助于相互汲取智慧、凝聚共识,推动教师队伍的整体发展。

二、"智慧教研"平台——让一部分人带动所有人

如果一个区域内的材料太过丰富,会不会造成孩子选择困难?在自主游戏中,难免会出现磕碰受伤的情况,应该怎样和家长沟通?如何处理放手游戏与规则意识培养的关系?游戏后,除了用绘画的形式来表征,还有哪些方式可以尝试?……

在户外自主游戏中,教师每天都会捕捉到大量信息、产生不少问题,很多问题都有待通过教研解决。但传统教研受时间与空间限制,难以带动更多人参与。因此,我们一直在思考如何结合游戏实践现状和教师需要,利用信息技术优势突破限制,为教师赋能。

今年,我园依托区域数字化平台建设与应用,以区教育局牵头举办的"低代码培养与应用创新大赛"为契机,由一部分学习能力强、信息技术素养高的年轻教师组成了"信息技术小组",开发教研平台。由此,"智慧教研"应用平台应运而生,形成了不限场域、打破时空的"话题圈"。教师们线上分享互评后,带动线

图 7-2-2

下再研和互动,形成了可随时对话的学习共同体。

"智慧教研"应用平台上设有"分享板"与"问题板"两个功能板块。在"分享板"中,可以按不同教师、不同年龄段、所在区域、观察时间、观察内容等搜索,快速找到自己感兴趣的案例与内容,浏览其他教师分享的视频或照片。平台可根据教师分享的素材、参与人员等形成柱状图,热门话题、人员信息、互动频次等数据一目了然。在"问题板"中,教师可发布问题或游戏照片视频,其他教师可选择性地进行解答和互动。

在"问题板"中,中班的杨老师发布了一段均均在积木区游戏的视频,并提出困惑:均均因为搭建的"门"屡次倒塌,一直处于情绪低落的状态,这时教师该做些什么?

"试试以共情者的身份,在一对一倾听中缓解孩子的情绪。"陈老师在帖子一发布后,很快就给予了回复。

"是不是可以引发孩子的问题意识,帮助其寻找问题的原因,自主尝试解决木板倒塌的问题呢?"午休时,严老师浏览帖子后也提出了建议。

几天后,随着浏览数以及回复数的不断增加,这一话题引发了热议。小班的钟老师回到家后收到了平台推送的通知,随即点开参与讨论:"我看到均均一直在反复搓那块积木,说明他对材料感兴趣,是否可以就材料的适宜性做出调整?"

大班的闵老师提供了多条建议:"我同意钟老师的看法,就材料的选择和均均聊一聊他的想法。""我觉得还可以关注均均的同伴交往能力,引导他学会积极表达自己的情绪。""我在带班时,也发现有些孩子的表征与游戏内容不符,这和中班孩子的年龄特点有关吧"……

"智慧教研"平台不仅突破了时空界限,还扩大了参与范围,连保健老师也参与其中,发表自己的看法:"大家有没有看到板的屡次倒塌?这样很容易发生安全问题,教师要关注安全教育!"

杨老师在"问题板"中发布的问题,不仅吸引教师展开了线上互动,还引发了一场面对面的教研活动,追踪"均均伤心的真正原因到底是什么",促使教师发现"眼见不一定为实",不仅要用眼、耳去了解孩子,更要用心聆听孩子内心的声音。

信息技术和户外自主游戏的融合与创新下形成的"智慧教研"平台,让教师在"时间可控、地点灵活、沟通流畅"中树立了共享意识,更激发了教师们的教研热情和专业发展的内驱力。

三、"项目联盟"——在协同研讨中共成长

"安吉游戏"中有一些很常见的材料,比如梯子、箱子、滚筒、木板、积木等,是否一定要在户外游戏中投放这类材料?

如何权衡低结构材料的种类、数量与孩子人数的比例?

游戏环境的创设有没有具体的标准可以参考?

……

解码游戏　循迹童心
支持幼儿生长的观察、解读与回应

对于户外自主游戏的材料投放和环境创设，教师们存在很多困惑，其中不少问题之前一直没有获得明确的解决策略。幸运的是，在宝山开启试点行动之初，便形成了由市区级领导、专家组成的核心指导团队以及宝山区五所试点园组成的"项目联盟"，旨在通过专家的引领、园际之间的分享与互动，解决游戏实践中的问题。

在第一轮区域调研的圆桌研讨中，"项目联盟"的成员便围绕我园所提出的"怎样让环境、材料更贴近幼儿，为幼儿提供更多发展机会"这一问题展开讨论，明确了要基于儿童立场进行园所环境优化，确定了"空间开放、就近收纳、便于取用"的实施原则。基于这一原则，在之后的实践中，教师们一改最初"依葫芦画瓢"的方式，结合园所资源和场地实际，创设自然野趣的游戏环境，根据幼儿的游戏需求提供可移动、可组合、可变化的游戏材料，支持幼儿的真游戏、真发展。

此外，我园尝试在户外自主游戏中借助数字化手段更好地观察和监测幼儿的发展，由此也产生了很多新的问题，比如"游戏后的文件夹整理工作，怎样才能更便捷、高效""在观察和解读幼儿时，哪些技术手段更有效""如何辩证地思考技术的介入和运用"等。为此，我们以"项目联盟"的专题研讨为契机，以"数字化转型赋能自主游戏中教师观察和解读儿童的专业能力"为研讨主题，开启了与专家、其他试点园面对面共研交流。

在研讨中，我们获得了不少具有建设性、针对性的专业意见——"在游戏探索中，对于教师提出的技术问题，可成立专门的信息技术联盟来解决""以项目研究的方式进行顶层架构，并通过信息'采集—处理—分析'循环式的过程推进，可助力研究走向深入""要辩证看待信息技术在游戏中的运用，给予幼儿更多亲身感知、反复试误的机会"……近距离的交流，为我园的游戏研究指明了方向、拓宽了思路。同时，我们对游戏研究重点进行了再梳理，除了建设信息化网络硬件环境，还以课题为抓手，确立了"技术工具选择""技术赋能幼儿的表现探究"以及"技术赋能教研"等研究内容。

一年多来，"项目联盟"突破了以往仅限小范围参与的、松散而随机的合作，将专家、优质园吸纳到共同体中，以共同目标、共同需求为出发点，构建多元主体协同机制，深化交流与合作。截至 2022 年 8 月,"项目联盟"共开展了 7 场联席会议,9 场实地与线上调研,19 个案例的深度研讨,12 场线上或线下因需教研以及 1 场面向全市幼教科、教研员的展示。一次次经验汇报、案例交流、问题研讨,让我园教师有了更多与专家、同行对话的机会,在游戏研究与实践的道路上加速成长。

在不同形式学习共同体的助推下,教师专业发展模式的起点由"弥补不足"转变为"发掘特长",教师角色由被动客体转变为能动主体,教师发展动力由外在驱动转变为内在自觉。教师以促进儿童的连续性、整体性和可持续性发展为目标,不断提升自我专业素养,助推"安吉游戏"在本土的落地生根。

学会用发展的眼光看"游戏"

——幼小联合教研中的教师专业发展

上海市宝山区陈伯吹实验幼儿园　陈佳楠

在近两年的安吉游戏项目研究中,越来越多的教师接受了"放手游戏,发现儿童"的理念,看见孩子游戏中的无限精彩。当我们为此感到欣喜时,也听到了一些质疑的声音——

家长说:"孩子天天在幼儿园里玩,不学习知识,上了小学怎么办?"

小学老师说:"幼儿园每天安排那么多时间玩游戏,孩子来了小学还能静下心来学习吗?他们能适应小学的课堂教学模式吗?"

一边是幼儿园教师看到孩子当下在游戏中的巨大改变,另一边是家长和小学教师对孩子未来发展的担忧,这促使我们不得不从幼小衔接的角度重新审视游戏的价值。于是,我们与周边的小学建立联合教研共同体,聚焦户外自主活动案例展开对话。

一、走近跨学段教育目标,增强游戏实践中的发展意识

> 5月,幼儿园一角的枇杷树上硕果累累,引起了孩子们的关注。户外自主游戏时间,孩子们开始了摘枇杷的游戏。
>
> **幼儿园老师**:孩子们积极尝试用不同的工具摘枇杷,如用棍棒敲打树枝、用梯子登高,过程中同伴之间相互合作——递工具、扶梯子、加油鼓励,他们在摘枇杷的过程中,自然萌发了集体意识,锻炼了灵活

第七章　享受成长——探研同行的智慧

> 使用工具能力、运动能力、合作能力、解决问题的能力以及语言表达能力。
>
> 小学老师：从案例中我们真切地看到游戏对孩子发展的作用，意识到游戏具有巨大的教育价值。但除了促进认知、能力、社会性的发展外，游戏也应该助推孩子良好行为习惯的养成和思想道德的发展……
>
> 幼儿园老师：对社会公约（保护绿化）的认识和良好行为习惯也需要培养，面对游戏的自由、自主与游戏中孩子良好行为习惯的缺失，我们如何兼顾？
>
> 小学老师：孩子在逐渐长大，未来要进入小学学习，从长远发展来看，不仅仅需要满足孩子的兴趣，也要帮助他们形成用科学的思维去做出判断的能力。

在围绕户外自主游戏案例"摘枇杷"的第一次幼小联合教研现场，小学教师认可了户外自主游戏对孩子发展的价值，但也从小学德育目标——培养良好行为习惯和道德品质的角度提出：在认同、尊重孩子自主性的同时，也要帮助他们形成科学思考、分辨判断的能力。这个观点的提出让我们陷入两难，游戏遵循"自由、自主、自发"的理念，主张不用教师主观的价值判断影响孩子的游戏过程，教师的介入存在打断孩子游戏的可能，但良好的行为习惯的培养也同时是孩子的发展目标。我们如何在游戏中兼顾这两种观点？

小学教师的建议引发了我们对目标进行反思，从幼儿园到小学，孩子的发展目标应该是连续的，我们更应从长远发展目标的角度看待孩子的户外自主游戏。而在对话的过程中，我们也意识到幼儿园和小学的课程形式虽有不同之处，但双方的内在教育目标应该是一致的——既要关注孩子的学习兴趣、好奇心、求知欲，以及他们各种学习能力和学习习惯的养成，也要培养孩子的社会认同感、责任感和良好道德品质，促进德智体美劳的全面发展。

所以我们要做的不是选择，也不是把儿童全面发展的砝码都压在户外自主游戏这一种课程形式上，而是建立发展的意识，把在游戏中看到的缺失或出现的问题转化为教育素材，形成班级个性化的生成课程来对接孩子长远发展的目标。教师需要综合运用幼儿园的集体教学活动、个别化活动、谈话活动、运动活动、生活活动等各种课程形式来满足孩子当下和未来发展的需求。

二、吸取学科知识经验，提升游戏观察与反思能力

2022年8月的一次幼小联合教研中，幼儿园教师和小学教师聚焦孩子在户外自主游戏中制作"竹筏"的故事展开交流。

> 幼儿园老师：孩子不断尝试用不同的材料制作竹筏，提出假设、发现问题、解决问题，体现了初步的科学探究能力，并在用语言、行为与同伴互相协作的过程中获得了语言和社会交往能力的发展。
>
> 小学语文老师：孩子在游戏结束后用绘画的形式做记录，恰好对应小学语文中写日记（低年级）和复述故事（中高年级）的学科要求。
>
> 小学数学老师：孩子们制作竹筏的游戏中涉及小学数学的诸多知识点，比如画材料清单时蕴含统计与概率、数与代数的内容；选择不同形状的材料时自然形成对图形的初步感知等。

第七章 享受成长——探研同行的智慧

> 小学自然老师：孩子们在探索用不同材料建竹筏的过程中所积累的直接经验，与小学自然中的"了解水的特性""物体的沉与浮""认识水提供的动力""识别天然材料的特点和用途"等认知内容相吻合。

小学教师结合各学科教学经验做出的理性分析，既让我们了解到孩子游戏中的直接经验与小学学科知识点是契合的，由此坚定了开展户外自主游戏的信心；也让我们意识到自身专业能力的不足——缺乏相应的学科知识，导致难以从持续发展的角度系统、深入地分析孩子的游戏行为。

在后续的户外自主游戏实践中，教师一方面通过与小学教师持续对话，不断丰富对小学学科知识点的了解，如小学语文的口头和书面语言表达学科内容，小学数学的数与代数、几何与图形、统计与概率、实践与综合应用等数学教育内容，自然科学中有关沉与浮、自然现象等知识要点，了解孩子长远发展的要求；另一方面，积极运用学科知识理性地观察和识别孩子的游戏行为，进一步提升教师游戏观察和反思能力。

比如，在孩子用积木搭"凉亭"的游戏中，长条积木用完了，他们就用几块积木连接组合成一块长条积木来进行搭建。以往教师会从建构技能、建构主题解读孩子的建构能力和创造性表现，也会在孩子建构的过程中看到空间的感知、材料的组合使用、社会交往等问题，但甚少聚焦到学科中的具体知识点。与小学老师的对话让教师主动学习"守恒"和"等量代替"两个概念，教师尝试运用小学的学科知识来更准确地深入解读孩子的游戏行为以及游戏行为中所蕴含的认知经验。

在探讨的最后，我们从一个几乎全程没有参与搭竹筏游戏却在回家后指导爸爸与外公做成了能载人的竹筏的孩子身上看到了不同的学习方式。她在游戏中是通过倾听和观察获得关于沉与浮的认知经验,满足自己学习的需求。

在幼小联合教研的碰撞与对话中,幼儿园和小学教师从跨学段的角度全面分析孩子在户外自主游戏中的行为和发展。我们在看到游戏成就孩子发展的同时,也反思教师在游戏中的发展意识和课程领导力。我们学会去理解儿童的发展规律和成长需求,尊重、理解、接纳孩子不同的学习方式,探索行之有效的策略从而形成"合力"来实现更好的双向衔接。通过开展对户外自主游戏的研究不断思考与优化教师教育行为、提高教师实践与反思的能力,努力让孩子的学习与发展不"断层"。

建立学习共同体,加强教师在儿童发展、课程、教学等方面的研究交流,通过彼此"走进"的过程解决衔接中的实际问题;在彼此"碰撞"的过程中,通过游戏降低"幼小衔接"的难度实现"双向衔接",共同携手打造科学衔接的教育生态!

当然,在我们深入的研讨中也有新问题的产生——小学每一堂课都面向全班孩子,实现教学"全覆盖",但游戏只有部分孩子参与,如何让其他未参与某一游戏的孩子也获得相应的知识和经验?这引发了我们对户外自主游戏中"经验共享"问题的反思,也值得我们在未来继续探讨。

共筑游戏共同体，赋能教师专业成长
——海尚明城幼儿园联盟体论坛交流活动

"星火燎原，安吉游戏区域推广第二轮行动"自 2022 年 9 月启动以来，在"联盟共同体"的机制下，不少海尚明城幼儿园的骨干教师带着自信与从容"走出去"，努力发挥试点园的引领、示范、辐射作用，带教五所宝山区的幼儿园，以点带面扩大"安吉游戏"实践研究的范围。

以下是五所幼儿园对实践的心得感悟。

一、宝山区罗泾镇第二幼儿园

我园在开展户外自主游戏之前做了一些准备工作，我们试图从儿童视角去打造我们的户外游戏场：比如我们对小班、中班的孩子进行了访谈，了解孩子们想玩什么，想在哪里玩；邀请大班的孩子与老师共同参与游戏场地的规划。在实践过程中，我们也尝试追随儿童，看、听孩子们的游戏，逐步调整、改进我们的户外自主游戏，在环境与材料方面就经历了三次大调整。

1. 一调：调材料比例

材料初次投放以后，我们发现一个有趣的问题：教师所想的环境、运用的材料与孩子实际的行为表现是完全不一样的，举个例子来说：刚开始教师在积木区里，放了很多辅助材料，因为教师担心孩子纯玩积木可能不会持续很长时间，可实际上教师的担心是多余的，孩子们对于积木这种低结构材料的兴趣浓厚，游戏持续时间长，能够搭建各种不同的造型，反而对教师投放的辅助材料不感兴趣。基于实践观察以及团队互助，我们知道了：

低结构材料更能引发孩子的多种游戏行为。辅助材料应基于孩子需求按需投放。

于是我们进行了第一次大调整。

（1）调整了高低结构材料的比例，以低结构材料为主，尽量减少高结构材料。

（2）运用班级百宝箱，让孩子自己准备个性化的辅助材料。

2. 二调：整材料种类

我们的团队看了现场以后，一针见血地提出了每个场地的材料问题：杂，即每个区域的材料种类过多，无法满足孩子们深度探究、深度学习的欲望。

让我印象最深的是沙水区，以前沙水区的材料种类很多：挖掘类工具、管道类材料、各种仿真玩具、瓶子等。海尚明城幼儿园的滕老师曾说：沙池材料太多、太杂了，材料占据了大半个沙池！而且孩子的游戏行为更多的是把各种仿真玩具埋起来，然后挖出来。

听取建议后我们查了现有材料，将材料按照种类重新调整，使得每个区域都有主材料。在沙水区内，减少互动性少的材料，增加互动性强的材料。

3. 三调：破场地边界

随着户外自主游戏深入开展，我们通过自查表发现了一些有趣的事：班级和班级之间慢慢有了互动，于是我们开始逐步着手打破边界，如何打破呢？

（1）材料分类不分家。在同一游戏场地内，将原本按照班级划分的材料归拢在一起，实现场地内不同班级材料共用。

（2）场地分区不设限。按主材料种类划分的游戏区域仍然存在，但是各区域之间的边界完全模糊化，孩子们能够在安全的前提下，走进周边区域。

当我们和孩子真正做到了打破场地边界以后，幼儿园的户外自主游戏变得更自主、更自由了。

小结：

罗泾镇第二幼儿园介绍了户外自主游戏环境与材料，真正从儿童视角来优化与调整，给孩子们提供了更开放、更自主的游戏环境与材料，将更多的游戏自主权还给孩子。且教师们在调整材料的过程中，已经开始对游戏过程进行观察分析。

二、宝山区四季花城幼儿园

之前我们在户外自主游戏中也有观察,虽然我们知道要"站稳十分钟",并不明白要看什么?怎么看?看了之后做什么?在加入"联盟共同体"之后,我们开始转变儿童观,带着好奇心去追随孩子的游戏行为。在经过一段时间的持续观察后,我们逐渐发现孩子真正的游戏需求,看懂孩子游戏背后的能力发展。

在"会跑的车子"案例中,当听到孩子搭汽车的想法后,教师便开始了持续观察,在过程中发现孩子对拼搭汽车的兴趣很高,并且能专注于游戏中的探索。在第二天的游戏中,孩子发现装轮子的杆子与车身存在高度差。教师还在担心孩子是否能顺利完成拼搭时,孩子已经尝试着手解决问题,将车架抬起来,把轮子与车架连接好。在反复实践中,游戏中的问题逐一解决,车轮很快就装好了。

旁边的同伴看到车子雏形后好奇地问:"车子能坐上去开吗?"……通过后续探索,孩子们终于体验到了成功开车子的快乐。

在这个过程中,教师始终带着好奇和尊重对孩子进行持续性的观察,发现孩子在游戏中,有发现和解决问题的能力。教师选择退后,静静观察,给予孩子最大程度的放手,让孩子用自己的方式进行探索。从原来的"为了观察而观察",变成"我想要了解孩子,真正了解孩子游戏背后的意图和发展需求,相信孩子是有能力的主动学习者"。

小结:

在这个过程中教师的理念不断转变,教师带着好奇心去观察,去努力解读孩子的游戏,且从被动观察转变为主动观察。

三、宝山区馨佳苑幼儿园

在"1+5"联盟共同体合力探索"安吉游戏"的本土化实践中,我园深刻感受游戏对教师专业发展的促进作用。刚开始探索"安吉游戏"时,当教师带领孩子来到班级户外

解码游戏　循迹童心
支持幼儿生长的观察、解读与回应

自主游戏场地上,看到各种大型运动器械、缺少野趣的山坡和草地等,开始担心孩子们不会玩游戏。而当看到孩子们乐此不疲地拿着竹梯、垫子、架子、轮胎等,爬到大型器械上移动后跳下时,教师们又困惑了:"这是运动不是游戏,该怎么办?"

通过联盟体教研后,教师和孩子们开展了一对一倾听。孩子说:"我在游乐园玩云霄飞车。"教师顿时豁然开朗。

在游戏中,教师看到了孩子的确有运动技能、运动能力的发展;教师看到孩子们商讨玩云霄飞车的游戏规则,识别出了孩子的社会性与语言的发展;教师还看到孩子一会儿将架子侧放,一会儿加竹梯,一会儿加垫子,教师识别出了这是孩子们目标明确地尝试解决问题,要爬上高高的栏杆。在过程中教师更看到了游戏最核心的价值——体验快乐、寻求创造。

所以教师感悟道:"在孩子自发的游戏中,材料的使用会随着孩子的游戏需求不断转换,孩子所获得的发展也并非是单一、局限的,而是多元、多领域综合发展。"

小结:

教师开始从原本的成人视角逐渐向儿童视角靠近,更多地去观察、倾听,尽可能去解读孩子游戏行为背后的兴趣与发展需求。

四、宝山区浪花幼儿园

教研是教师专业成长的主阵地。成为"安吉游戏"联盟园之后,我们将教研训的方向聚焦户外自主游戏,通过教研训联动的方式来推进教师在户外自主游戏中的有效观察。

除了日常大、小教研等常规教研,我们还借鉴"师傅园"的做法,补充了"游在浪花"微时刻教研,教师们自发每天利用零星时间分享、交流孩子们的游戏,通过同伴互助实现教师的专业成长。

我园青年教师佳佳老师就在这样的研究氛围中有了自己的专业成长足迹。刚开始

第七章 享受成长——探研同行的智慧

开展户外游戏的时候,佳佳老师在"游在浪花"微信群里发了一段她们班孩子在草坪区的游戏视频,引发了教师们的"思维火花"。看了这段视频之后,教师们纷纷回应。有的教师说:"材料如何体现户外自主游戏的野趣呢?"有的教师说:"哪些材料更适合户外自主游戏呢?"有的教师说:"把室内角色游戏的材料搬到户外就是户外游戏了吗?""如何解决草坪区的游戏材料问题?"有的教师说:"运动器材不就在旁边吗?为什么不用来游戏呢?"接到大家的支招,在接下来的游戏中草坪区的孩子们开始把木质攀爬架、网格、轮胎等都搬到了他们的游戏场。从此草坪区的游戏就有了很大的不同,这也让年轻的佳佳老师在接下来的游戏观察中每天都兴奋不已!

一个多月之后,她非常自信地在大教研的时候分享了自己的游戏案例,眉飞色舞地介绍了她通过连续观察追踪到的属于他们班级孩子的精彩瞬间:刚开始的时候,孩子们用攀爬架和木板、木梯搭建了上下铺;接下来的游戏中有孩子发现上铺睡得不舒服,所以他们将木梯换成了木板;随着游戏的不断深入,孩子们还结合生活经验围绕上下铺做了很多有趣的事,有的孩子当起了"老板",把上下铺当成自己开的小酒店,还为"客人"增设了电视机;有的孩子把上下铺当成自己的家,"爸爸"和"妈妈"是睡在一张床上的,"妈妈"把皮球包进衣服里,就发现自己"怀孕了",于是又有了新的游戏主题。

教师们在这个过程中,更懂得通过观察来欣赏和发现游戏中了不起的儿童!通过教研,老师们的儿童观、教育观在不断改变,教师们开始连续性地观察与解读孩子,更懂得追随孩子,支持孩子的需求。

小结:

在园本教研的推动下,教师观察解读幼儿游戏的能力在不断增强,并能在游戏中看到鲜活的儿童。在每天户外活动的现场,教师都能用心去观察每一位孩子的游戏过程,尝试走进孩子的内心。

五、宝山区罗泾镇中心幼儿园

1. 传承与创新

漫画艺术是罗泾的文化名片之一,也是我园的特色课程,一直以来我们幼儿园的特色课程是通过集体教学活动、个别化学习活动开展的。在每次的活动中,以引导孩子用漫画的方式(表情、符号、线条)表征为主,形成单幅漫画、四格漫画、漫画续编等作品。近几年,在"安吉游戏"理念的引领下,我们尝试将特色课程与游戏课程进行融合,形成"漫画日记",就是孩子以漫画的表现手法(表情、符号、线条等),以日记的手段记录自己的游戏想法和体验。我们尝试以"漫画日记"为载体,开展一对一倾听与记录,探索出了各年龄段孩子用"漫画日记"进行表征的契机,孩子可以在游戏前、游戏中、游戏后用"漫画日记"表征游戏计划、游戏进程、游戏体验。每个孩子都有一本自己的"漫画日记",每班都有一面"漫画日记墙"或"漫画日记角"。这样的融合,让我们的特色课程有了传承和创新。

2. 架起一座沟通桥梁

运用"漫画日记"开展一对一倾听与记录改变了之前的特色课程以教师为主导的情况,现在教师更多地在孩子漫画日记表征的基础上倾听孩子的游戏体验和想法,教师和孩子之间架起了一座沟通的桥梁。

> **案例**
>
> 小二班有一名孩子叫九九,他说话口齿不是特别清楚,由于是小班年龄,表征的"漫画日记"通常都比较抽象,所以小二班的老师很难听懂、看明白他想要表达、表征的是什么。对于这样的情况,小二班

第七章 享受成长——探研同行的智慧

> 的龚老师尝试对九九的漫画日记讲述做录音。根据解读结果，小二班老师选择了耐心等待的支持方式。在之后四天的游戏中，九九专注地投入，遇到问题时，会寻求帮助，主动与同伴进行简单的交往和合作，共同解决了问题。
>
> 教师惊喜地发现，虽然九九的漫画日记中画面表征仍然比较稚嫩，但是他画面上的假山、路线、基地的位置与我们现场的位置如出一辙。

在漫画记录环节，孩子能表征和反思自己的游戏体验，老师能通过孩子的表征倾听到孩子最真实的想法。九九从第一天的"漫无目的，四处闲逛"，到第四天想尽各种办法"解救被困人员"，在过程中，教师通过倾听"看"到了孩子在游戏中的成长和进步。令人印象深刻的感悟和倾听，能让我们对孩子刮目相看！倾听，让我们了解孩子的所思所想，更走进他们的内心。

小结：

教师通过一对一倾听与不断实践，能发现很多孩子的"泾"彩时刻，而且罗泾镇中心幼儿园将园本特色课程与户外自主游戏有机结合，让每个孩子都能在游戏中"漫"享快乐童年，相信罗泾镇中心幼儿园的孩子们会继续绽放精彩！

两年多以来，海尚明城幼儿园教师也在每天用心观察，而在教师观察幼儿游戏的同时，我也会对我们的教师进行观察。我发现教师观察游戏的敏感性在逐渐增强，当我走近教师的时候，她们会即时给我分享幼儿的精彩，看似普通平凡的游戏现场，教师总能通过用心观察，追溯复盘出幼儿游戏发展轨迹，解读幼儿游戏背后的真正原因，这些都让我非常欣喜。

如：青年教师滕梦佳老师的市级案例汇报，当时在听取了市级专家的建议与指导后，团队从案例素材中不断复盘，不断倾听幼儿之间的对话，认真分析幼儿的每一次游戏记录，在一对一倾听中真正走进幼儿，在专家一次次提问后，在大、小教研的联动下，最终成功挖掘出幼儿的游戏发展轨迹。通过对幼儿纵深发展的思考分析，滕老师真正意识到了一对一倾听的重要性，而且在联盟体研讨中她也将自己非常宝贵的经验分享给大家，让我们所有的教师都意识到了一对一倾听的重要性。

教师的专业成长不是一蹴而就的，教师可以先潜下心来当一个听众，听孩子说一说游戏的快乐和精彩，真正解读孩子的游戏兴趣后，再为推动游戏后续发展寻找契机。

> 💡 **思考与延展**
>
> 团队凝聚的智慧与力量不可估量。以教师共同体作为撬动教师成长的支点，以学习共同体的形式引领教师专业发展。请谈一谈你所在幼儿园是如何通过学习共同体助力教师专业发展的。

第三节
教师成长经验

在践行"安吉游戏"理念下,依托市区级项目团队引领以及园所之间的互助联盟,教师能够在真研究、真学习、真实践中更新教育理念、优化教育行为,实现专业成长。

靠近童心,走进游戏
——复盘"'倒退'中的前进"案例

上海市宝山区海尚明城幼儿园　滕梦佳

一、尝试放手、观察、记录

上学期,大班孩子们不断探索、游戏,我不断看到他们新的创意和思考。孩子们来到螺母区游戏,他们说要搭建东方明珠!孩子们将一个个底座零件拼接在一起。由于作品越来越大,每天需要搬进室内,半成品材料仓库越来越难以容纳作品。一次搬完后浩浩涨红着脸问我:"滕老师,我们可不可以放在外面,不搬进去了?"为此,我开始搜索可以为作品遮风挡雨的材料,实现孩子们的游戏愿望。在得到了园方的材料支持后,孩子们的作品可以一直伫立在场地中央啦!

解码游戏　循迹童心
支持幼儿生长的观察、解读与回应

图 7-3-1

看着孩子们每天的持续搭建，我也不断拍摄记录"东方明珠"的诞生。"东方明珠"的热度持续了整整一学期，只要轮换到螺母区游戏，孩子们就会继续完善"东方明珠"的搭建。在学期末，"东方明珠"出现了二层的架构，整体构造特别牢固，甚至可以承受多个孩子到二层游戏而不出现晃动。他们在搭建过程中不断面临着问题，同时也在不断地思考、尝试解决问题。此时的我深深感受到了孩子们在游戏中是有能力的主动学习者。我开始认识到了户外自主游戏的魅力。

随着寒假的到来，"东方明珠"被拆除了。新学期开学后，孩子们竟然决定重新搭建起"东方明珠"。我期待着他们的新创意，期待着完整的"东方明珠"。于是我开始有目的地观察他们的搭建流程并记录。孩子们很快完成了第一层的搭建，就在他们信心满满继续搭建时，"东方明珠"竟然坍塌了，孩子们面对挫折寻求帮助，最终在朋友们的帮助下让"东方明珠"重回正轨。在整个过程中，我努力倾听孩子们的语言，试图体会孩子们的需要，尝试提供教师支持。我有意识地记录着过程性资料。

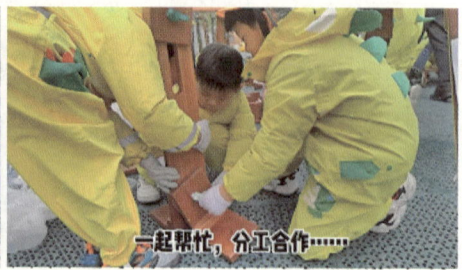

图 7-3-2

二、案例的初现与修改

1. 第一次案例撰写

"东方明珠"的搭建过程曲折起伏,我决定将孩子们的游戏过程和我观察解读到的内容写下来,于是我开始整理资料并撰写"坍倒的东方明珠"案例。

首先,将第一学期的游戏内容以背景的形式交代清楚,接着撰写三个实录片段,在案例中我试图抓住每一个细节进行分析:前书写能力、合作、分工、协商……

其次,我根据时间线分析了安全问题出现时我的做法和支持方式,以及孩子解决问题的能力、在分享交流中体现的深度学习……

在教师的思考部分,我提到了发现游戏中的深度学习、智慧面对安全问题、巧妙把握游戏生长点。

在这一次的案例撰写中,我试图将自己的观察、分析和思考都面面俱到地体现在文稿中。

2. 第一次修改

在案例成文后,我将孩子们搭建"东方明珠"的游戏过程拿出来与所有教师分享研讨。通过园级研讨,发现了问题:当前格式中实录与思考凌乱、教师小结分析不够深刻、写分析与小结时需参考工具书。

根据以上问题,我对案例进行了第一次修改,调整案例撰写格式,做到"由1变N":从一个实录片段、分析变为N个实录与分析。这样的改变让整个案例的实录与思考一一对应,更清晰、更有逻辑。在小结的撰写中我寻找理论支撑,试图撰写更完整、更深度的小结。我将原来总结的三个小点进行扩充,包括《3—6岁儿童学习与发展指南》以及《幼小衔接活动指导意见》等工具书中提及的理论内容,结合案例中的实录分析,在夹叙夹议中将自己的小结表达清楚。

3. 第二次修改

专家基于上一稿案例,给予了以下建议:

（1）提及孩子是有能力的主动学习者的案例非常多，要挖掘这篇案例背后独有的东西。

（2）教师要对孩子充满好奇，探秘孩子行为背后的逻辑。

（3）整体内容太多，聚焦几条线索交代清晰即可。

于是我调整思路，重新梳理，不放过每一个细节，对细节进行更为深入的探讨。我开始明白"要对孩子的游戏行为充满好奇"这句话的含义，原来孩子游戏中的每一个动作都有其含义。

首先我牢记"对儿童充满好奇"这一句话，梳理了四个"好奇点"。

好奇一：在上学期，孩子们做出了双侧转角板这样稳固的结构，为何这学期孩子们会选择单侧转角板结构呢？

好奇二：游戏背后有这么多故事，那螺丝的松紧、朝向、多元拧法中藏着什么秘密？

好奇三：为什么这么多孩子能有序完成如此大型的"东方明珠"搭建？

好奇四：面对如此庞大的作品搭建，主创团队中的成员是否有所变动？有负责规划的领导者吗？

其次我对自己在游戏中的回应进行复盘与反思，从有效回应、低效回应、无效回应这三点进行反思。

最终修改出了第三稿，我从发现孩子的变化到从游戏记录、个别交流、分享交流中观察细节，最后分析孩子的行为这条思路出发，结合四个"好奇点"撰写案例。

4. 第三次修改

基于第三稿，专家这样说：

（1）案例的真实性还需着重体现。用大量录音、视频佐证，而非对话文字体现。

（2）重点需放在教师的成长与反思，教师从孩子身上学到了什么，而非仅仅夸孩子"好厉害"。

（3）预设好案例的特殊性，围绕特殊性分析更多细节。

第七章 享受成长——探研同行的智慧

于是我再次调整思路,在这次的研讨中,我深刻意识到之前的案例撰写只停留在放手游戏后发现孩子会主动学习的阶段,想要将案例分析透彻,就不仅需要聚焦于放手游戏后孩子展现出的深度学习,更需要挖掘游戏行为背后隐藏的细节以及教师的深刻思考。

一是挖掘特殊性。

在解读中发现:教师在孩子的"倒退"中如何思考,如何发现他们的前进。

注意安全问题:教师面对三次安全问题的思考,对孩子佩戴安全帽的细节继续深挖。

二是整理教师思考的要点。

从螺丝和落脚点出发,思考教师为何错误地将上学期孩子的表现理所当然地认为是孩子在游戏中已经习得的知识。

从安全问题出发,思考孩子在游戏中是否对安全有预判,思考安全教育的意义如何体现。

三是突出案例的真实性。

案例分析的基础是持续的循证,寻找、收集孩子真实的想法才是案例分析的关键。

根据这三点我再次调整案例,首先在缘起中简单交代清楚背景和教师对儿童充满好奇的心理,简单写明教师追踪孩子游戏的过程。接着在第二部分围绕作品坍倒的两大原因:螺丝和落脚点,分析背后的秘密。在螺丝的秘密中我分析了螺丝的松紧、朝向和拧法,说清其中蕴藏的儿童的思考。在落脚点的秘密中,理清了我通过不断循证,发现了落脚点改变的原因。最后是教师对解读儿童的反思:很多作品顺利完工,很可能是其中一些孩子起到了关键作用,有时甚至带有一定的偶然性,所以不能想当然地把作品中蕴含的关系、科学道理都认定是所有孩子的获得,每一个孩子是否获得、到底获得了什么,需要教师在持续的观察中切实评估,并由此作有针对性的回应与支持。

第三部分我从安全问题出发,说明了教师面对三次安全问题时的不同做法和思考。

又从对安全帽的深度复盘中发现孩子对戴上和摘下安全帽的思考。接着是教师对安全教育的反思：孩子也在评估自身的安全，他们会判断什么时候比较安全，什么时候更需要重视，认知经验决定了他们对安全的理解与防范。所以，作为教师不应仅站在自己的角度着急地想好各种措施勒令禁止去换取内心的安全感，而是要主动发现幼儿有没有安全意识，并引导幼儿一起聚焦问题、解决问题，这才是安全教育有意义的过程。

最后是教师在整个案例中的思考与收获：当教师感觉孩子的游戏水平"倒退"时，不应着急地对儿童的行为下定论，而是需要带着好奇与研究的心态，去寻找更多的证据，在不断复盘中获得有理有据的解读，在持续循证中更进一步理解孩子、站在儿童的立场上。

我最终完成了最终稿的修改，并且获得了参加市级案例分享的机会，分享了案例"'倒退'中的前进"。

三、我的收获

通过不断观摩各个园的游戏实践现场与经验分享，不断在共同体中研讨互动，与专家不断对话及反思实践，我得以在专业上获得成长。同时也要感谢专家、园长李老师以及海尚明城幼儿园的团队，让我在一次次复盘与一次次深入解读中靠近了童心，获得了走进户外自主游戏的机会！

游戏中的"退后"与"顺势而为"

上海市宝山区红星幼儿园　许　敏

我伸出手臂,孩子们就一个个"挂"了上来,兴奋地说:"许老师是大力士!"我趴在垫子上,不断变换姿势,孩子们钻过去、跳过去、翻过去,乐此不疲。只要有我在,再胆小的孩子都愿意尝试很多有挑战的动作。作为一名男教师,我已经在幼儿园工作了十多个年头。"会玩"似乎是旁人赞誉男教师的常用语。但有时我也会迷茫:难道二三十年后,我依然只是一个"会带着孩子玩"的男老师吗?我"会玩",我的孩子们"会玩"吗?孩子的发展需要我的哪些支持?我的儿童视角如何体现在和孩子们一起玩的过程中……在"放手游戏、发现儿童"的理念引领下,我慢慢找到了答案。

一、从"带着你玩"到"看着你玩"

在以往的游戏中,我总会预设游戏规则,先告知,再示范,让几个孩子和我一起玩给大家看。孩子是否"会了"、是否"守规则",是我对游戏的评价标准。"把游戏的权利还给孩子。"当我将这句话付诸实践时,内心有些迟疑:不告诉孩子玩什么、怎么玩,他们会玩吗?很快,孩子们打消了我的顾虑。在户外自主游戏中,他们自由而灵动,不断生发出新的玩法。为了让好朋友实现站上滚筒的愿望,一个孩子钻进滚筒控制速度,另一个孩子伸手帮她保持平衡;为了合作完成小舞台的搭建,孩子们不断尝试,舞台的轰然倒塌更激发了他们探索的愿望;为了帮助陷入泥潭的同伴,他们一个、两个、三个……像拔萝卜一样把同伴"拔"了出来;为了不让同伴在还没有完成的"小桥"上行走,他们主动商量规则,设置了"禁止"标志和"垫子围墙"……孩子们生动鲜活的表现,让我看到了同龄人之间的默契,看到了主动邀请同伴的勇气,看到了游戏前的思考、设计与准备,以及游戏中的假设、验证和迁移,也让我逐渐理解了放手的意义。

只是，在孩子的游戏中，我似乎不那么"重要"了。当我欣赏着孩子的奇思妙想，惊叹于他们的一言一行时，也在自我反思：我的作用是什么？于是，我尝试运用信息技术手段，记录孩子真实的游戏现场，通过持续观察、一对一倾听、集体交流分享等方式获取信息，为有针对性地支持提供依据。同时，我也通过视频回放，复盘自己的教育行为。

二、从"可以教什么"到"因需而教"

在多次复盘户外积木游戏的视频后，我发现孩子们已经养成了合作收纳的习惯，也积累了按图片标识归类摆放的经验。但是随着积木数量和品种的增多，每次都会遇到时间来不及、积木放不平、收纳橱关不上的问题。我试图通过交流分享把方法直接教给孩子，但效果并不好。

"能发现生活中许多问题都可以用数学的方法来解决。"《3—6岁儿童学习与发展指南》中的一句话令我茅塞顿开。我设计了集体学习活动"收纳小达人"，准备了大小一致但厚度不同的积木，两两组合能拼成另一种形状的积木，形状相同、大小不同、能通过翻转组成新形状的积木，鼓励孩子们充分调动在转换与组合方面的已有经验，不断操作验证，解决实际的收纳问题。为了便于分享，我通过实时投屏技术，把孩子们的探究过程呈现在大屏幕上。活动最后，一段大班姐姐自己准备行李箱的视频，让孩子们了解除了积木需要收纳，生活中还有很多地方需要收纳，甚至有一种职业叫"收纳师"。这一集体学习活动，不仅提升了孩子们的收纳能力和思维品质，也使得他们对收纳产生了持续的兴趣。

从前，我总是苦恼"自己可以教什么"，不知该如何设计和开展好集体活动。殊不知，当我沉下心来观察孩子，发现孩子在游戏中的各种需求及发展时，也就捕捉到了教育的契机。"因需而'教'"的集体学习活动，问题从孩子的游戏中来，真实且符合孩子的发展规律，更易为孩子所理解和接受，让我领悟到了教师在游戏中的"顺势而为"。教师

第七章　享受成长——探研同行的智慧

在游戏中的"退后"，并非"躺平"。我在追随孩子脚步的过程中静观其变，在持续观察的基础上不断反思，在长期的复盘中展开有效支持。在户外自主游戏的探索中，我寻到了方向，唤醒了自我发展的力量。

教师们这样说——

实践"安吉游戏"课程进入到第三年，由从前的"去形式、去功利"，到今天的"放手发现、理解追随"，首先我们要落实最小程度的介入，尽量少些干预行为。幼儿的行为即是亮点，时刻对幼儿的行为保持好奇，并要带着发现的眼光不断去发现了不起的幼儿。重点关注游戏过程，应追随幼儿的每一个眼神、每一个动作，用心去倾听幼儿对游戏的表达，继而分析研究幼儿行为背后的意义，也要不断地充实专业知识，才会时刻能发现幼儿游戏中的精彩。

有效支持孩子的游戏，精准判断游戏的价值，了解行为背后的意义。在游戏中，我们应该从尊重游戏出发，让幼儿能够在自由选择、自发开展、自我学习、自我建构的过程中自然生长。如何激发幼儿成长的深度潜能，关键在于我们学会如何有效地回应。我相信在"真游戏"理念的引领下，每一个幼儿都是了不起的。

每一次教研，我们都认真地、反复地复盘案例。一开始，我们能看到幼儿的一些表现，结合《3—6岁儿童学习与发展指南》解读行为，再一遍一遍地根据幼儿的行为与语言来分析幼儿的内在动机、认知意义和情感需求；后来，我们尝试以一个点为切入口，纵向式地去观察分析幼儿的行为逻辑，不再是散点式分析。因此看到了幼儿面对认知冲突的积极态度和主动探究，如何平衡冲突进而解决问题。我现在能体会到教师带着好奇和疑惑去观察幼儿的行为，真正想去了解幼儿的内心世界，这不再是一种"为了解读去解读""完成任务式"的行为，而是变成自己的一种意识、内驱力——我想要了解儿童，解读儿童，走近儿童。

> 💡 **思考与延展**
>
> ◆ 教师理解幼儿的目的并不在于达到精准,而在于能够基于对幼儿的理解实现对幼儿最大程度的放手、信任与尊重,从而形成关于儿童发展的合理期望,为每个幼儿确立适宜的教育目标。请说一说你对这句话的理解。
>
> ◆ 请你谈一谈实践户外自主游戏以来最大的感受或收获是什么。